# Die Vieldeutigkeit des Wortes ›Gott‹

**1**

## Buddha
## Die Blinden und der Elefant

Es war einmal, so erzählt Buddha, ein König von Benares, der rief zu seiner Zerstreuung etliche Bettler zusammen, die von Geburt an blind waren und setzte einen Preis aus für denjenigen, der ihm die beste Beschreibung eines Elefanten geben würde. Zufällig geriet der erste Bettler, der den Elefanten untersuchte, an dessen Bein, und er berichtete, daß der Elefant ein Baumstamm sei. Der zweite, der den Schwanz erfaßte, erklärte, der Elefant sei wie ein Seil. Ein anderer, welcher ein Ohr griff, beteuerte, daß der Elefant einem Palmenblatt gleiche und so fort. Die Bettler begannen untereinander zu streiten, und der König war überaus belustigt.

**2**

## Antony Flew
## Parabel vom Gärtner

*Die Menschen des Altertums und des Mittelalters erklärten die Vorgänge in der Natur als unmittelbares Wirken Gottes bzw. der Götter. In der Neuzeit erkennt man zunehmend, daß Geschehnisse in der Natur gesetzmäßig ablaufen. Die Bewegung der Gestirne, chemische Reaktionen, ja sogar Körper und Gesundheit des Menschen werden auf Gesetzmäßigkeiten erforscht und man entdeckt eine Fülle von zahlenmäßig erfaßbaren Regeln. Die Welt scheint festgelegt durch unveränderliche Naturgesetze. – Der Darwinismus geht noch einen Schritt weiter: Das Leben, so erklärt er, hat sich entwickelt aus einer Kette von Zufällen und aus der zweckmäßigen Anpassung der Lebewesen. – Mit diesen beiden Voraussetzungen konnte man die Natur als geschlossenes und sinnvolles System erklären; es schien nicht mehr nötig, auf einen Gott zurückzugreifen, der die Welt geschaffen hat, der sie erhält und leitet. Von dieser Entbehrlichkeit Gottes erzählt die folgende Geschichte:*

Es waren einmal zwei Forschungsreisende, die kamen zu einer Lichtung im Dschungel, wo viele Blumen und Kräuter wuchsen. Da sagt der eine: ›Irgendein Gärtner schaut wohl zu diesem Stück Land.‹ Der andere ist nicht einverstanden und erwidert: ›Es gibt keinen Gärtner.‹ So schlagen sie ihre Zelte auf und halten Wache. Aber kein Gärtner läßt sich blicken. ›Vielleicht ist der Gärtner unsichtbar.‹ Da errichten sie einen Zaun aus Stacheldraht und setzen ihn unter Strom. Sie patrouillieren mit Spürhunden ... Aber keine Schreie lassen je erkennen, daß irgendein Eindringling einen Schlag bekommen hätte. Keine Bewegung des Drahtes verrät je einen unsichtbaren Kletterer. Nie geben die Spürhunde Laut. Aber noch immer ist der Gläubige nicht überzeugt. ›Es gibt aber einen Gärtner, einen, der unsichtbar, unfühlbar, für elektrischen Schock unempfindlich ist, einen, der keinen Geruch hat und kein Geräusch macht, einen, der heimlich kommt, um nach dem Garten zu sehen, den er liebt.‹ Schließlich verliert der Skeptiker die Geduld und entgegnet: ›Was bleibt denn aber von deiner ursprünglichen Behauptung noch übrig? Wie unterscheidet sich denn, was du einen unsichtbaren, unfühlbaren, ewig unkonstatierbaren[1] Gärtner nennst, von einem imaginären[2] oder von überhaupt keinem Gärtner?‹

[1] *unkonstatierbar:* nicht zu ermitteln, nicht feststellbar

[2] *imaginär:* nur in der Vorstellung vorhanden

# Ernst Eggimann
# Psalm 19

*Der Psalm 19 hat in der Frömmigkeitsgeschichte einen wichtigen Platz. Er wurde von Christian Fürchtegott Gellert (1715–1769) sehr frei ins Deutsche übertragen. Er trägt dort den Titel »Die Ehre Gottes aus der Natur« und beginnt mit den einprägsamen Worten »Die Himmel rühmen des Ewigen Ehre...«. – Die Vertonung durch Ludwig van Beethoven machte diese Textfassung berühmt.*

du bist nicht
du bist nicht der bärtige vatervater
archetypischer[1] gartenarchitekt
erfinder des apfels der schlange und
     adams mit seiner treffsicheren freiheit
     abels der dir wohlgefällig war
     kains
der kuppelwölber über äußerst kunstvollem verlies
der kosmische harmoniumspieler
der general der himmlischen heerscharen
     die sodom bombardierten nun aber
     in den kasernen bleiben gedrillt für den endsieg
du bist nicht der liebe liebegott der gottogott
der tröster hiobs und der juden
schlafliedchen für kinder weißhäutiger nonnen sehnsucht
der die reichen bereichert die armen arm läßt für den himmel
gelobt und geflucht und süßlich von weihrauch
alterspräsident der kirchen kinder und kommunistenschreck
ehrendoktor in basel[2] manager des weihnachtsgeschäfts
du bist nicht
du bist nicht der gott der kaffern der gott hitlers der gott hölderlins
du bist nicht der gott kafkas müllers und meiers
     nicht der gott der vaterländer der granaten und generale
     nicht der gott der psychologen theologen und logen
     nicht der unbekannte und endlich bekannte gott pauli
     nicht der endlich klar dogmatisierte gott mit dem bart
     nicht der gott seit langem gemietet von rom
du bist nicht
du bist nicht
     nicht wörtlich nicht bildlich nicht geistlich
     nicht väterlich mütterlich tröstlich nicht lich
du bist nicht
du bist
(...
  ...
  ...
  ...)

---

[1] *archetypisch:* urbildlich; eigentlich philosophischer Begriff für die Entsprechung des Seienden in Gott; in der Tiefenpsychologie Bezeichnung für allgemeine überpersönliche Vorstellungen

[2] *Ehrendoktor in Basel:* Anspielung auf den evangelischen Theologen Karl Barth (1886–1968), dem dieser Titel verliehen wurde

## 4   Rainer Maria Rilke
## Das Gleichnis vom Messer

*Der 1910 abgeschlossene Roman ›Aufzeichnungen des Malte Laurids Brigge‹ erzählt die Auflösung eines Menschen, seine Ängste, sein Grauen vor der alles verschlingenden Technik. In extremer Sensibilität reagiert der »Held« der Erzählung auf Geschehnisse und Denkgewohnheiten. Er erleidet den Moloch »Stadt« als Summe einer morbiden Zivilisation. – Das Werk ist einer der ersten Romane, die das Lebensgefühl der Gegenwart thematisieren.*

Ist es möglich, daß es Leute gibt, welche »Gott« sagen und meinen, das wäre etwas Gemeinsames? – Und sieh nur zwei Schulkinder: es kauft sich der eine ein Messer, und sein Nachbar kauft sich ein ganz gleiches am selben Tag. Und sie zeigen einander nach einer Woche die beiden Messer, und es ergibt sich, daß sie sich nur noch ganz entfernt ähnlich sehen, – so verschieden haben sie sich in verschiedenen Händen entwickelt. (Ja, sagt des einen Mutter dazu: wenn ihr auch gleich immer alles abnutzen müßt. –) Ach so: Ist es möglich, zu glauben, man könne einen Gott haben, ohne ihn zu gebrauchen?

Ja, es ist möglich.

Wenn aber dieses alles möglich ist, auch nur einen Schein von Möglichkeiten hat, – dann muß ja, um alles in der Welt, etwas geschehen. Der Nächstbeste, der, welcher diesen beunruhigenden Gedanken gehabt hat, muß anfangen, etwas von dem Versäumten zu tun; wenn es auch nur irgendeiner ist, durchaus nicht der Geeignetste: es ist eben kein anderer da.

## 5   Martin Luther
## Du sollst nicht andere Götter haben

Das ist, du sollst mich allein für deinen Gott halten. Was ist das gesagt und wie versteht man's? Was heißt: einen Gott haben, oder was ist Gott? Antwort: Ein Gott heißt das, dazu man sich verstehen soll alles Guten und Zuflucht haben in allen Nöten, also daß einen Gott haben nichts anderes ist, denn ihm von Herzen trauen und glauben; wie ich oft gesagt habe, daß allein das Trauen und Glauben des Herzens macht beide, Gott und Abgott. Ist der Glaube und das Vertrauen recht, so ist auch dein Gott recht; und wiederum, wo das Vertrauen falsch und unrecht ist, da ist auch der rechte Gott nicht. Denn die zwei gehören zuhaufe: Glaube und Gott. Worauf du nun (sage ich) dein Herz hängst und verläßt, das ist eigentlich Gott.

Darum ist nun die Meinung dieses Gebots, daß es fordert rechten Glauben und Zuversicht des Herzens, welche den rechten einigen Gott treffe und an ihm allein hange. Und will soviel gesagt haben: Siehe zu und laß mich allein deinen Gott sein und suche je keinen andern; das ist, was dir mangelt an Gutem, des versiehe dich zu mir und suche es bei mir, und wo du Unglück und Not leidest, kriech und halte dich zu mir. Ich, Ich will dir genug geben und aus aller Not helfen, laß nur dein Herz an keinem andern hangen noch ruhen.

Das muß ich ein wenig grob ausstreichen, daß man's verstehe und merke bei gemeinen Exempeln des Widerspiels. Es ist mancher, der meint, er habe Gott und alles genug, wenn er Geld und Gut hat, verläßt und brüstet sich darauf so steif und sicher, daß er auf niemand nichts gibt. Siehe, dieser hat auch einen Gott, der heißt Mammon, das ist, Geld und Gut; darauf er alle sein Herz setzt, welches auch der allergemeinste Abgott ist auf Erden. Wer Geld und Gut hat, der weiß sich sicher, ist fröhlich und unerschrocken, als sitze er mitten im Paradies. Und wiederum, wer keines hat, der zweifelt und zagt, als wisse er von keinem Gott. Denn man wird ihrer gar wenig finden, die gutes Muts sind und nicht trauern noch klagen, wenn sie den Mammon nicht haben; es klebt und hängt Natur an bis in die Grube.

Also auch, wer darauf traut und trotzt, daß er große Kunst, Klugheit, Gewalt, Gunst, Freundschaft und Ehre hat, der hat auch einen Gott, aber nicht diesen rechten einigen Gott. Das siehst du abermal dabei, wie vermessen, wenn sie nicht vorhanden sind oder entzogen werden. Darum sage ich abermal, daß die rechte Auslegung dieses Stücks sei, daß einen Gott haben heißt, etwas haben, darauf das Herz gänzlich traut.

## 6 Hermann Broch
## Verehret das Unbekannte!

Es genügt nicht, daß du dir kein Bild von Mir meißelst;
du denkst trotzdem in Bildern, auch wenn du Meiner gedenkst.
Es genügt nicht, daß du dich scheust, Meinen Namen zu nennen;
dein Denken ist Sprache, ein Nennen deine schweigende Scheu.
Es genügt nicht, daß du an keine Götter neben Mir glaubst:
dein Glauben vermag bloß Götzen zu formen,
stellt Mich in eine Reihe mit ihnen,
wird dir bloß von ihnen anbefohlen,
nimmer von Mir.
Ich bin, und Ich bin nicht, da Ich bin. Deinem Glauben
bin Ich entrückt;
Mein Antlitz ist Nicht-Antlitz, Meine Sprache Nicht-Sprache,
und dies wußten Meine Propheten:
Anmaßung ist jegliche Aussage über Mein Sein oder Nicht-Sein,
und die Frechheit des Leugners wie die Unterwerfung des Gläubigen
sind gleicherweis angemaßtes Wissen;
jener flieht die Prophetenrede, und dieser mißversteht sie,
jener lehnt sich gegen Mich auf, dieser will sich Mir anbiedern
mit bequemer Verehrung,
und darum
verwerfe Ich jenen, während dieser Mein Zürnen entfacht –,
eifervoll bin ich gegen die Zutraulichen.
Ich bin der Ich nicht bin, ein brennender Dornbusch und bin es nicht,
aber denen, welche fragen
Wen sollen wir verehren? Wer ist an unserer Spitze?
denen haben Meine Propheten geantwortet:
Verehret! Verehret das Unbekannte, das außerhalb ist,
außerhalb eures Lagers; dort steht Mein leerer Thron
unerreichbar im leeren Nicht-Raum, in leerer Nicht-Stummheit
grenzenlos.
Schütze deine Erkenntnis!

Gott ist die Liebe. *(1 Joh 4,8b)*

Gott ist das Von woher der radikalen Fraglichkeit. *Wilhelm Weischedel (1905–1975)*

Gott ist so groß und unbeschränkt, daß man ihn teilen muß, um ihn zu begreifen.

Darf ich es sagen? Man erkennt Gott leicht, wenn man sich nicht abmüht, ihn zu definieren. *Joseph Joubert (1754–1824)*

Gott lebt nicht ohne mich.
Ich weiß, daß ohne mich Gott nicht ein Nu kann leben;
Werd ich zunicht, er muß von Not den Geist aufgeben.

Die Gottheit ist das Grüne.
Die Gottheit ist mein Saft: was aus mir grünt und blüht,
Das ist sein heiliger Geist, durch den der Trieb geschieht.

Gott sind alle Werke gleich:der Heil'ge, wann er trinkt,
Gefället ihm so wol, als wenn er bet und singt. *Angelus Silesius (1624–1677)*

Unsere Welt wird noch so fein werden, daß es so lächerlich sein wird, einen Gott zu glauben, als heutzutage Gespenster.

Gott schuf den Menschen nach seinem Bilde, das heißt vermutlich, der Mensch schuf Gott nach dem Seinigen. *Georg Christoph Lichtenberg (1742–1799)*

Gott versteckt sich hinter das, was wir lieben. *Friedrich Hebbel (1813–1863)*

Einer mit Gott ist die Mehrheit. *Spanisches Sprichwort*

Je besser wir die einzelnen Dinge kennen, desto besser kennen wir Gott.
*Baruch Spinoza (1632–1677)*

Unter Menschen muß man Gott suchen. In den menschlichen Begebenheiten, in menschlichen Gedanken und Empfindungen offenbart sich der Geist des Himmels am hellsten.

Sollen wir Gott lieben, so muß er hilfsbedürftig sein. *Novalis (1772–1801)*

Der Mensch ist als Geist vom Grunde seines Wesens her immer schon ausgerichtet auf das absolute Sein Gottes; er ist auf Gott aus . . . Er ist dadurch allein Mensch, daß er immer schon auf dem Weg zu Gott ist. *Karl Rahner (geb. 1904)*

Gott, von dir sich abwenden
    heißt fallen,
Zu dir sich hinwenden
    heißt aufstehen,
In dir bleiben heißt
    sicheren Bestand haben.
Gott, dich verlassen
    heißt sterben,
Zu dir heimkehren heißt
    neu zum Leben erwachen,
In dir weilen
    heißt leben. *Augustinus (354–430)*

# Argumente für und gegen Gott

*Das Urchristentum konkurrierte mit religiösen und philosophischen Strömungen seiner Umwelt. In der griechischen Religion spiegelte sich die Harmonie der Welt im Kosmos der Götter. In der griechischen Philosophie wurde versucht, gegenüber den Göttermythen ein göttliches Prinzip herauszustellen. Plato z. B. sah das Göttliche als das Eine, dem alles Gute zugedacht werden muß (lat.: unum bonum). Schon das Neue Testament hatte gelegentlich an einen populären Monotheismus angeknüpft (z. B. Röm 1,18 ff; Apg 17,28). Die christliche Gemeinde entschied sich damit für die aufgeklärte Vernunft solcher Argumentation und gegen die Mythen einer vergöttlichten Welt.*

*Dabei waren Gefahren aufgetaucht, die sich in den ersten nachchristlichen Jahrhunderten und in den Diskussionen des Mittelalters verstärkten: Der Gott der griechischen Philosophie ist ein zeitlos ewiges Wesen; der Gott der Bibel ein Gott der Geschichte (Gott Jakobs, Gott des Exodus . . .). So tritt an die Stelle eines Gottes, der in der Geschichte als verborgener und rettender Gott erfahren wird, immer mehr die Vorstellung von einem transzendenten Wesen.*

*Beide Traditionen – griechische Philosophie und christlicher Glaube – bestimmen das Mittelalter. Von Augustinus bis Thomas von Aquin wird immer wieder der Versuch unternommen, beides zu vereinen und Gott in philosophischen und biblischen Begriffen zu beschreiben.*

*Dabei bleibt die Existenz Gottes unbestritten. Es geht vielmehr um die Fragen: » Wer ist Gott für den Menschen?« (biblische Fragestellung), » Wie ist Gott denkbar?« (philosophische Fragestellung) und » Wie läßt sich das eine mit dem anderen verbinden?«. Die selbstverständliche Voraussetzung solcher Fragen lautete: Philosophisches Erkennen und der Glaube an Gott widersprechen sich nicht; der Glaube kann durch philosophische Erkenntnisse einsichtig gemacht werden.*

*Auf vier Wegen versuchte Thomas im kosmologischen Gottesbeweis (Text 9) von der Welt ausgehend auf Gott zurückzuschließen. Der fünfte Weg, der sogenannte teleologische Gottesbeweis, ist gesondert zu betrachten, da er nicht vom Dasein, sondern vom Sosein des Kosmos ausgeht.*

*Schon Augustinus hatte versucht, aus der erfahrbaren Welt auf Gott zu schließen. In der Welt gibt es Wesen, die unterschiedlich vollkommen sind. Die Stufen der Vollkommenheit sind zugleich Hinweise auf Gott, der schlechthin vollkommen ist. Eine Krise mußte eintreten, als die religiöse Voraussetzung der Gottesbeweise hinfällig wurde; als es nicht mehr darum ging, das für den Glauben feststehende Dasein Gottes auch rational zu bestätigen, sondern der Zweifel die Frage stellte, ob Gott überhaupt ist.*

*Wird nun die Vernunft zum Prüfstein für die Vorstellungen von Gott und beantwortet sie allein die Frage nach den letzten Gründen der Erfahrungswelt, so verlieren Gottesbeweise Kraft und Sinn. Wohl erschrocken über die Folgen solcher Analysen in der » Kritik der reinen Vernunft« und besorgt um destruktive Folgen für das sittliche Handeln stellt I. Kant selbst den sogenannten ›moralischen Gottesbeweis‹ auf. Er soll nicht für den theoretischen, sondern ausschließlich für den sittlichen Gebrauch der Vernunft gelten: Wenn der Mensch sittlich handeln soll, muß man auch vor der Vernunft fordern, daß es einen Gott als Garant der Sittlichkeit gibt.*

*Nach der Kant'schen Kritik gelten die Gottesbeweise weithin als irrelevant oder erledigt. Manche sehen in ihnen den Sündenfall christlicher Theologie schlechthin. Aber haben sie nicht auch eine bleibende Berechtigung? Widerspricht der Glaube wirklich so sehr der Vernunft, daß er mit dem Absurden vorliebnehmen muß? Oder ist der Glaube so »vernünftig«, daß Verstandesargumente ihn verstehbar machen können?*

## 8 Aurelius Augustinus
## Wer ist Gott?

O ewiger Gott, könnte ich doch wissen, wer *ich* bin und wer *du* bist!
Gott und die Seele verlange ich zu erkennen. Sonst nichts? Nein! Sonst überhaupt
nichts.                                                                 *(Aus den Soliloquien)*

Wer ist Gott? Ich fragte die Erde, und sie sagte mir: ich bin es nicht; und alles, was in
ihr ist, gestand mir das gleiche. Ich fragte das Meer und seine Tiefen und das
Gekrieche seiner Lebewesen, und sie gaben mir die Antwort: wir sind dein Gott
nicht; such droben über uns. Ich fragte die wehenden Winde, und es sprach der
ganze Luftbereich mit seinen Bewohnern: es irrt sich Anaximenes[1]; ich bin nicht
Gott. Ich fragte den Himmel und Sonne, Mond und Sterne: auch wir sind nicht der
Gott, den du suchest. Und ich sagte zu allen Dingen, die um mich her sind vor den
Toren meines Fleisches: so saget mir von meinem Gott, weil nicht ihr selbst es seid,
saget mir von ihm doch etwas. Und sie erhoben ein Rufen mit lauter Stimme: »Er
ist's, der uns geschaffen hat.« Meine Frage war mein Gedanke, ihre Antwort war
ihre Schönheit. [Interrogatio mea intentio mea et responsio eorum species
eorum.]                                                                 *(Confessiones X, 6)*

[1] *Anaximenes* (um 585–525 v. Chr.): Philosoph aus Milet; sieht in der Luft den Urstoff des Kosmos

## 9 Thomas von Aquin
## Fünf Wege, Gottes Dasein zu beweisen

Die Existenz Gottes läßt sich auf fünf Wegen beweisen.
Der erste und nächstliegende Weg ist der, der sich aus der Bewegung ergibt. Es ist
nämlich gewiß und steht durch die sinnliche Wahrnehmung fest, daß sich manches in
dieser Welt bewegt. Alles aber, was sich bewegt, wird durch anderes bewegt. Nichts
nämlich wird bewegt außer dadurch, daß es in potentia ist in bezug auf das, auf das
hin es bewegt wird, es bewegt aber etwas dadurch, daß es in actu ist. Bewegen
nämlich ist nichts anderes, als etwas aus der *potentia* [ = Möglichkeit] in den *actus* [ =
Wirklichkeit] überführen. Aus der potentia aber kann nichts in den actus überführt
werden, es sei denn durch ein in actu Seiendes. Wie die Hitze in actu, z. B. das Feuer,
das Holz, das Hitze in potentia ist, zur Hitze in actu macht. Dadurch bewegt und
ändert sie es. Es ist aber nicht möglich, daß ein und dasselbe gleichzeitig in bezug auf
dasselbe in actu und in potentia ist, sondern nur in bezug auf Verschiedenes, was
nämlich Hitze in actu ist, kann nicht zugleich Hitze in potentia sein, sondern es ist
zugleich Kälte in potentia. Es ist also unmöglich, daß in bezug auf dasselbe und in
derselben Weise etwas bewegt und bewegt wird, oder daß es sich selbst bewegt. Also
muß alles, was bewegt wird, von etwas anderem bewegt werden. Wenn sich also das
bewegt, von dem etwas anderes bewegt wird so muß es selbst auch von etwas
anderem bewegt werden, und das wiederum von etwas anderem. Hier aber kann
man nicht in infinitum fortschreiten, weil dann nichts das erste Bewegende wäre, und
demgemäß wäre nichts da, was etwas anderes bewegen würde, da die nachfolgenden
Bewegenden nicht bewegen außer dadurch, daß sie durch das erste Bewegende
bewegt werden. Wie der Stab sich nicht bewegt außer dadurch, daß er von der Hand
bewegt wird. Daher ist es notwendig, zu einem ersten Bewegenden *[primum
movens]* zu kommen, welches von nichts bewegt wird, und dieses erkennen alle als
Gott.

Der zweite Weg ergibt sich aus dem Wesen der Wirkursache *[causa efficiens]*.
Wir finden nämlich in jenen sinnlich wahrnehmbaren Dingen eine Ordnung von Wirkursachen. Es läßt sich jedoch nicht finden und ist nicht möglich, daß etwas die Wirkursache seiner selbst sei, weil es ja dann früher als es selbst wäre, was unmöglich ist. Es ist aber nicht möglich, bei den Wirkursachen in infinitum fortzuschreiten, denn bei jeder Reihe von Wirkursachen ist das Erste die Ursache des Mittleren, das Mittlere die Ursache des Letzten, seien die Mittleren viele oder eins. Mit der Ursache fällt aber auch die Wirkung. Wenn es also kein Erstes bei den Wirkursachen gäbe, gäbe es auch nichts Letztes noch Mittleres. Aber wenn man mit den Wirkursachen in infinitum fortschritte, gäbe es keine erste Wirkursache und demgemäß weder eine letzte Wirkung noch mittlere Wirkursachen, was offensichtlich falsch ist. Also ist es notwendig, eine erste Wirkursache *[prima causa efficiens]* zu setzen, die alle Gott nennen.

Der dritte Weg ergibt sich aus dem Möglichen *[possibile]* und dem Notwendigen *[necessarium]*, und zwar folgendermaßen: Wir finden bei den Dingen nämlich einige, die die Möglichkeit haben zu sein und nicht zu sein, denn man sieht, daß einige Dinge werden und vergehen und deshalb sein können und nicht sein können. Es ist aber unmöglich, daß alles, was so beschaffen ist, immer ist, weil das, was die Möglichkeit hat, nicht zu sein, irgendwann einmal nicht ist. Wenn also alles die Möglichkeit hat, nicht zu sein, ist bei den Dingen irgendwann einmal nichts gewesen. Wenn das wahr ist, wäre auch jetzt nichts, denn was nicht ist, fängt nicht an zu sein außer durch etwas, was ist. Wenn also nichts seiend gewesen ist, ist es unmöglich gewesen, daß etwas zu sein angefangen hat, und auf diese Weise wäre nichts, was offensichtlich falsch ist. Also ist nicht alles Sein [nur] möglich, sondern es muß unter den Dingen etwas geben, was notwendig ist. Alles Notwendige aber hat die Ursache seiner Notwendigkeit von woanders her, oder es hat keine. Es ist aber nicht möglich, bei dem Notwendigen, das eine Ursache seiner Notwendigkeit hat, in infinitum fortzuschreiten, wie man das auch nicht – wie bewiesen – bei den Wirkursachen kann. Es ist also notwendig, etwas zu setzen, was aus sich heraus notwendig ist *[per se necessarium]*, was die Ursache seiner Notwendigkeit nicht von woanders her hat, sondern was die Ursache der Notwendigkeit für anderes ist. Das nennen alle Gott.

Der vierte Weg ergibt sich aus den Seinsstufen *[ex gradibus]*, die in den Dingen zu finden sind. Es findet sich nämlich in den Dingen etwas mehr und etwas weniger Gutes, Wahres, Edles usw. Aber »mehr« und »weniger« wird über Verschiedenes gesagt in Hinblick darauf, daß es sich auf verschiedene Weise einem Maximalen nähert. So wie dasjenige wärmer ist, das sich mehr dem maximal Warmen nähert. Es gibt also etwas, was das Wahrste, das Beste, das Edelste und demnach das Seiendste *[maxime ens]* ist. Denn was das Wahrste ist, ist das Seiendste, wie in der II. Metaphysik [des Aristoteles] gesagt wird. Was aber das so beschaffene Maximum in irgendeiner Art genannt wird, ist die Ursache von allem, was in dieser Art ist; wie das Feuer, das die maximale Wärme ist, die Ursache aller Wärme ist – wie in demselben Buch gesagt wird. Also gibt es etwas, was für alles Seiende die Ursache des Seins *[causa esse]* und des Gutseins *[bonitas]* und jedweder Vollkommenheit ist, und das nennen wir Gott.

Der fünfte Weg ergibt sich aus der Lenkung der Dinge *[gubernatio]*. Wir sehen nämlich, daß einiges, was der Erkenntnis entbehrt – nämlich die natürlichen Körper – auf ein Ziel hin handelt; das erhellt daraus, daß sie immer oder häufiger auf dieselbe Weise handeln, weil sie dem folgen, was das Beste ist. Deshalb ist es offenbar, daß sie nicht aus Zufall, sondern durch eine Absicht zum Ziel gelangen. Diejenigen aber, die keine Erkenntnis haben, streben zum Ziel nur, indem sie von einem Erkennenden und mit Verstand Begabten geführt werden wie der Pfeil vom Bogenschützen. Also gibt es etwas, was Verstand hat *[aliquid intelligens]*, durch das alle natürlichen Dinge zum Ziel hingeordnet werden, und das nennen wir Gott.

## Anselm von Canterbury
## Gott beweisen – ontologisch

Also, Herr, der du dem Glauben Einsicht schenkest, laß mich, so weit du es für gut hältst, einsehen, daß du Sein hast, so wie wir es glauben, und daß du das bist, was wir glauben! Wir glauben aber, du bist »Etwas, im Vergleich zu dem ein Größeres undenkbar ist« *[aliquid quo nihil maius cogitari possit]*. Oder hat vielleicht ein solches Wesen kein Sein, da »der Tor in seinem Herzen spricht: Gott ist nicht« [Psalm 14,1]? Aber wenn eben dieser Tor hört, was ich sage: »Etwas, im Vergleich zu dem ein Größeres undenkbar ist«, so versteht er, was er hört; und was er versteht, das hat Sein in seinem Geiste, auch wenn er nicht einsieht, daß es ist. Denn es ist etwas anderes, wenn eine Sache im Geiste Sein hat, und etwas anderes, erkennen, daß sie ist. Wenn ein Maler vorher überlegt, was er malen wird, so trägt er es zwar in seinem Geiste; aber er erkennt noch nicht, daß es ist, weil er es noch nicht gemalt hat. Hat er das Bild gemalt, so hat er es im Geiste und er erkennt auch, daß sein Werk ist. Also wird auch der Tor überführt, daß »Etwas, im Vergleich zu dem ein Größeres undenkbar ist«, im Geiste Sein hat, weil er versteht, was er hört, und was man versteht, hat Sein im Geiste. Nun kann aber »Etwas, im Vergleich zu dem ein Größeres undenkbar ist«, nicht nur im Geiste Sein haben. Denn wenn es nur im Geiste Sein hat, kann es als noch größer gedacht werden: daß es nämlich auch in der Wirklichkeit ist. Wenn also »Etwas, im Vergleich zu dem ein Größeres undenkbar ist«, nur im Geiste Sein hat, ist »das, im Vergleich zu dem ein Größeres undenkbar ist«, selbst »Etwas, im Vergleich zu dem ein Größeres denkbar ist«. Das aber kann sicher nicht sein. Also hat »Etwas, im Vergleich zu dem ein Größeres undenkbar ist«, im Geiste *[in intellectu]* Sein und auch in der Wirklichkeit *[in re]*.
Dieses Sein kommt ihm so wahrhaft zu, daß sein Nichtsein undenkbar ist. Man kann sich gewiß ein Ding, dessen Nichtsein undenkbar ist, vorstellen. Das ist größer als ein Ding, dessen Nichtsein denkbar ist. Wenn also das Nichtsein dessen, im Vergleich zu dem ein Größeres undenkbar ist, denkbar ist, dann ist dieses »Etwas, im Vergleich zu dem ein Größeres undenkbar ist«, nicht »Etwas, im Vergleich zu dem ein Größeres undenkbar ist«. Das ist unmöglich. »Etwas, im Vergleich zu dem ein Größeres undenkbar ist«, hat demnach so wahrhaft Sein, daß sein Nichtsein nicht einmal denkbar ist.
Und dieses bist du, Herr unser Gott! Du hast also, mein Herr und Gott, so wahrhaft Sein, daß dein Nichtsein nicht einmal denkbar ist . . .

## Immanuel Kant
## Gott als Postulat der Vernunft

Ganz anders ist es mit dem *moralischen Glauben* bewandt. Denn da ist es schlechterdings nothwendig, daß etwas geschehen muß, nämlich daß ich dem sittlichen Gesetze in allen Stücken Folge leiste. Der Zweck ist mir unumgänglich festgestellt, und es ist nur eine einzige Bedingung nach aller meiner Einsicht möglich, unter welcher dieser Zweck mit allen gesammten Zwecken zusammenhängt und dadurch praktische[1] Gültigkeit habe, nämlich daß ein Gott und eine künftige Welt sei, ich weiß auch ganz gewiß, daß niemand andere Bedingungen kenne, die auf die selbe Einheit der Zwecke unter dem moralischen Gesetze führen. Da aber also die sittliche Vorschrift zugleich meine Maxime[2] ist (wie denn die Vernunft gebietet, daß sie es sein soll), so werde ich unausbleiblich ein Dasein Gottes und ein künftiges Leben glauben und bin sicher, daß diesen Glauben nichts wankend machen könne, weil dadurch sittliche Grundsätze selbst umgestürzt werden würden, denen ich nicht entsagen kann, ohne in meinen eigenen Augen verabscheuungswürdig zu sein.

Auf solche Weise bleibt uns nach Vereitelung aller ehrsüchtigen Absichten einer über die Gränzen aller Erfahrung hinaus herumschweifenden Vernunft noch genug übrig, daß wir damit in praktischer Absicht zufrieden zu sein Ursache haben. Zwar wird freilich sich niemand rühmen können: *er wisse*, daß ein Gott und daß ein künftig Leben sei; denn wenn er das weiß, so ist er gerade der Mann, den ich längst gesucht habe. Alles (wenn es einen Gegenstand der bloßen Vernunft betrifft) kann man mittheilen, und ich würde also auch hoffen können, durch seine Belehrung mein Wissen in so bewundrungswürdigem Maße ausgedehnt zu sehen. Nein, die Überzeugung ist nicht logische, sondern *moralische* Gewißheit, und da sie auf subjectiven Gründen (der moralischen Gesinnung) beruht, so muß ich nicht einmal sagen *es ist* moralisch gewiß, daß ein Gott sei, etc., sondern: *ich bin* moralisch gewiß, etc. Das heißt: der Glaube an einen Gott und eine andere Welt ist mit einer moralischen Gesinnung so verwebt, daß, so wenig ich Gefahr laufe, die letztere einzubüßen, eben so wenig besorge ich, daß mir der erste jemals entrissen werden könne.

¹ *praktisch:* sittlich, auf die Handlung bezogen ² *Maxime:* Lebensregel, leitender Grundsatz

---

 **Heinz Zahrnt**
## Es geht um die Existenz Gottes

*Der seit dem 18. Jahrhundert fortschreitende Prozeß der Aufklärung führte zu einem tiefgreifenden Bewußtseins- und Einstellungswandel des neuzeitlichen Menschen. Er wirkte sich auch auf den Gottesglauben aus und ließ atheistische Argumentationen immer mehr in den Vordergrund treten.*

Wie können wir Gott heute erfahren? Wenn wir das Heute, in dem wir leben, geistesgeschichtlich zu bestimmen suchen, dann können wir es auf die knappe Formel bringen: In unseren Tagen hat die Aufklärung den christlichen Glauben endgültig erreicht. Diese Formel gibt den umfassendsten Grund dafür an, warum es für uns heute so schwer, ja für viele sogar unmöglich geworden ist, Gott noch zu erfahren. Das zunehmende Hoch der Aufklärung des Menschen führt auf seinem Rücken das Tief einer zunehmenden Verdrängung Gottes mit sich.

*1. Die naturwissenschaftliche Welterklärung und historische Kritik*
Bevor die Aufklärung uns endgültig erreichte, war die Geschichte wie ein Fenster, durch das man auf Gott blickte, und die Natur eine Art Tempelvorhof, gleichsam Gottes Vorgarten; beide zusammen bildeten die numinose¹ und darum zugleich herrliche und schreckliche Randzone der Heiligkeit Gottes. Wenn heute aber um 11.46 Uhr ein Flugzeug abstürzt, weil sich um 11.45 Uhr irgendwo in seinem Motor eine Schraube gelöst hat, dann wagt dies kein Verständiger mehr damit zu erklären, daß Gott dieses Unglück durch direkten Eingriff verursacht habe und daß dies von Ewigkeit her sein Wille gewesen sei. Und wenn heute Menschen hungern und unter dem Zwang ungerechter gesellschaftlicher Verhältnisse seufzen, dann wagt kein Verantwortlicher mehr zu behaupten, daß solches Unrecht von Gott verhängt sei, und die Betroffenen mit der Aussicht auf das ewige Leben zu trösten. Denn in demselben Maße, in dem die Wissenschaft infolge der Durchdringung des Kausalzusammenhanges die Welt, völlig zu Recht, auf sogenannte natürliche Weise erklärte und sie mit Hilfe der Technik planvoll gestaltete, wurde Gott aus der Welt zurückgedrängt und verlor in der menschlichen Gesellschaft und Existenz an Boden.

Dieser zunehmenden Verdrängung Gottes aus der Welt entsprach eine zunehmende Machbarkeit aller Dinge durch den Menschen. Fortan ist der Mensch nicht mehr nur Schauspieler auf der Bühne der Welt, von oben oder außen gesteuert, sondern er führt jetzt selbst Regie. Er ist aus einem Akteur zum Regisseur geworden. Dies alles hat für ihn einen wesentlichen Verlust an Gotteserfahrung mit sich gebracht: Wetter, Schlachtenglück, Krankheit, staatliche Ordnungen und gesellschaftliche Wandlungen werden heute in ihren natürlichen Ursachen durchschaut und damit ihres göttlichen Charakters entkleidet.

### 2. Der Wandel des Autoritätsbegriffes

Bevor die Aufklärung uns endgültig erreichte, galt unbestritten als Autorität, was man entweder von den Vätern überkommen hatte oder was einem von Gott beschieden war – wobei Gott und die Väter meistens zusammenfielen. Heute aber ist man nicht mehr bereit, eine Wahrheit nur daraufhin als verbindlich anzunehmen, weil sie von außen, von Gott oder von den Vätern, verbürgt ist. Die Berufung auf eine objektive äußere Norm genügt nicht mehr zur Begründung einer Wahrheit, ob diese Norm nun heißt »Es steht geschrieben« oder »Rom hat gesprochen«. Selbst die Partei hat nicht mehr immer recht. Vielmehr unterzieht man jetzt jede angebotene Wahrheit zunächst der Kritik und nimmt sie erst auf, wenn sie sich auch von innen als wahr erwiesen hat. Darum ist zum Beispiel der erhöhte Standort der Kanzeln in unsern Kirchen zutiefst suspekt geworden. Er ist der Ausdruck eines autoritären Monologes. Hier ergeht die Wahrheit von oben nach unten an das hörende Volk. Heute aber wird die Wahrheit im Dialog gefunden, bei dem alle miteinander auf demselben Boden sich befinden.

Mit dieser Wandlung der Autorität aber hat auch der Gottesglaube seine Selbstverständlichkeit eingebüßt. Er hört auf, jener bergende Lebensraum zu sein, in den das Kind wie von selbst hineinwächst. Frommes Brauchtum und christliche Sitte, die bis dahin das Alltags- oder Feiertagskleid des Glaubens bildeten und ihn wie ein schützendes Gewand umgaben, lösen sich auf, und die Erfahrungen, die die Mütter und Väter mit Gott gemacht haben, werden nicht mehr übernommen . . .

### 3. Die soziologisch-ökonomische Ideologiekritik

Bevor die Aufklärung uns endgültig erreichte, herrschte ein unzerreißbarer Zusammenhang zwischen oben und unten, zwischen Himmel und Erde, und damit zugleich eine Interessenbeziehung zwischen dem einen Herrn im Himmel und den vielen Herren auf der Erde. Der Herr im Himmel lieh den irdischen Herren etwas von seiner göttlichen Macht, und diese revanchierten sich dafür, indem sie für seine ordentliche Verehrung auf Erden Sorge trugen. Heute aber ist niemand mehr bereit, irgendwelche autoritären Strukturen unbefragt stehenzulassen und sich zu ihrer Begründung mit anderen als mit vernünftigen Argumenten zu begnügen. Wie die Wissenschaft durch ihre Erforschung des Natur- und Geschichtszusammenhanges alles religiöse Oben zerstörte und das Universum aus einer Monarchie in eine Republik verwandelte, so tat die marxistische Ideologiekritik dasselbe mit Hilfe ihrer Durchdringung der wirtschaftlichen und gesellschaftlichen Zusammenhänge. Die Lust im Drüben oder auch im Trüben, wie Bloch einmal sagt, zu fischen, wurde zerstört, indem die ökonomisch-soziologische Wurzel solcher Lust aufgedeckt und die Religion als ideologischer Überbau, als falscher Spiegel der Gesellschaft, kurzum als »Opium des Volks« verdächtigt wurde. Alle himmlische Theokratie[2] wurde aufgelöst und damit zugleich auch alle irdische Hierarchie jedes metaphysisch* heteronomen[3] Charakters entkleidet. Mit dem himmlischen Oberherren stürzten auch die irdischen Herren, mit dem göttlichen Allvater die irdischen Väter. Der Mensch begann, sich von den Knien zu erheben und aufrecht zu stehen vor Gott und vor seinem Landesherrn, vor dem himmlischen Vater und vor seinen menschlichen Vätern. Selbst nicht immer ganz frei von jeder Interessenideologie, wies die Gesellschaftswissenschaft nach, wie das Bild Gottes immer auch von den Interessen der Gläubigen geprägt und überlagert war. Weil die Bauern am guten Wetter interessiert waren, wurde Gott für sie zum Wettergott; weil die Soldaten sich den Sieg wünschten, riefen sie Gott als den Herrn der Heerscharen an; weil die Politiker ihre Macht zu stabilisieren trachteten, beriefen sie sich auf Gott als den Hüter der Ordnung; weil die Besitzer ihren Besitz behalten wollten, nannten sie Gott den Geber aller Gaben. So suchte jeder unbewußt, sein eigenes Suppentöpfchen auf dem göttlichen Feuer des Altares zu kochen.

Indem die Gesellschaftswissenschaften aber diese Verbindung zwischen Gottesglauben und menschlichen Interessenideologien aufdeckten, entstand ein Vakuum. Nachdem Gott nicht mehr der Garant ihrer Interessen ist, wissen viele Menschen nicht mehr, worüber sie noch mit ihm sprechen, weshalb sie ihn überhaupt noch verehren sollen . . .

*4. Die Bewußtseinsverschiebung vom Jenseits zum Diesseits*

Bevor die Aufklärung uns endgültig erreichte, hielten die Menschen ihren Blick auf das Jenseits gerichtet und fragten nach ihrem ewigen Heil. Und sie hofften, daß die Antwort auf diese Frage ihnen helfen würde, auch ihr Leben im Diesseits zu bestehen. Heute hingegen blicken die Menschen nicht auf die Ewigkeit, sondern auf die Zeit, und fragen, wie sie das irdische Leben bestehen können. Und sie hoffen, wenn sie denn überhaupt noch solches hoffen, daß die Antwort auf diese Frage auch in der Stunde ihres Todes durchhalten und sie ins ewige Leben geleiten möchte. Wie sich das Lebensgefühl der Menschen in der Neuzeit genau um hundertachtzig Grad gedreht hat, dafür zwei Beispiele:

Das erste stammt von Ernst Bloch[4]; in seinem Buch *Atheismus im Christentum* erzählt er: Wenn ein Mörder noch um das Jahr 1700 zum Gerädertwerden von unten nach oben, also zur damals grausamsten Todesart, verurteilt war und der Gerichtshof ihn begnadigen wollte, falls er bereit wäre, in der Walpurgisnacht den Hexensabbat auf dem Brocken mitzufeiern, dann wies der Verurteilte diese Begnadigung zurück und ließ sich lieber aufs Rad flechten, als daß er sich das ewige Heil seiner Seele verscherzte. Zweihundert Jahre später begann man auf dem Brocken Maskenfeste zu feiern; die Damen als Hexen, die Herren als Teufel verkleidet.

Das andere Beispiel: Der bekannte, für viele berüchtigte englische Bischof John A. T. Robinson[5] erzählt, wie ihm ein jüdischer Student in Chicago in einem mitternächtlichen Gespräch gestanden habe: »Wenn ich dieses Leben noch mit den Augen unserer Väter betrachten könnte: als ein paar Sekunden Vorbereitung auf die Ewigkeit, dann wäre alles anders für mich. Aber ich kann das nicht, Sie etwa?« Und Robinson fährt fort: »Ich mußte ihm beipflichten. Ich kann es auch nicht.« – Wir können es alle nicht mehr, wenn anders wir wirklich Zeitgenossen sind.

[1] *numinos* [lat.]: das im religiösen Erleben den Menschen unbegreiflich Überwältigende
[2] *Theokratie* [gr.]: Gottesherrschaft; Verfassung, in der Gott als Herrscher gilt
[3] *heteronom* [gr.]: von fremdem Gesetz bestimmt (Gegensatz: autonom)
[4] *E. Bloch* (geb. 1885): jüdischer Philosoph und unorthodoxer Marxist; als Religionskritiker und Atheist sucht er das Gespräch mit jüdischen und christlichen Theologen.
[5] *John A. T. Robinson*: anglikanischer Bischof, der in seinem Buch »Gott ist anders« (1963) die Erkenntnisse moderner Theologen in die öffentliche Diskussion gebracht hat.

## 13 Ludwig Feuerbach
## Kritik der reinen Unvernunft

*Viele waren begeistert, als Feuerbach im »Wesen des Christentums« (1841) aufrief, die Aufklärung zu vollenden und aus aller religiösen Unmündigkeit und Selbstentfremdung herauszutreten. »Kritik der reinen Unvernunft« hatte das Werk in Anklang an Kants »Kritik der reinen Vernunft« zuerst heißen sollen. Es wollte den Menschen nicht nur im Bereich der theoretischen Vernunft, sondern auch in Religion und Sittlichkeit auf sich selbst gestellt wissen.*

*Feuerbach hatte den Mut auszusprechen, was andere nur dachten. Er nahm ein Berufsverbot in Kauf, brach die akademische Laufbahn ab und akzeptierte ein Leben in dürftigen Verhältnissen. Die befreiende Wirkung, die auf ihn und viele andere von seiner Grundthese ausging, schien ihn für alles zu entschädigen: Der Mensch braucht kein Wesen mehr außerhalb der Natur, um sich selbst und alle Naturvorgänge zu erklären! Der Gottesglaube kann psychologisch erklärt werden.*

**13/1**

Der Mensch glaubt Götter nicht nur, weil er *Phantasie* und *Gefühl* hat, sondern auch, weil er den *Trieb hat, glücklich zu sein.* Er glaubt ein seliges Wesen, nicht nur, weil er eine Vorstellung der Seligkeit hat, sondern weil er selbst selig sein will; er glaubt ein vollkommenes Wesen, weil er selbst vollkommen zu sein wünscht; er glaubt ein unsterbliches Wesen, weil er selbst nicht zu sterben wünscht. Was er selbst nicht ist, aber zu sein *wünscht,* das stellt er sich in seinen Göttern als seiend vor; *die Götter sind die als wirklich gedachten, die in wirkliche Wesen verwandelten Wünsche des Menschen;* ein Gott ist der in der Phantasie befriedigte Glückseligkeitstrieb des Menschen. Hätte der Mensch keine Wünsche, so hätte er trotz Phantasie und Gefühl keine Religion, keine Götter. Und so verschieden die Wünsche, so verschieden sind die Götter, und die Wünsche sind so verschieden, als es die Menschen selbst sind. Der Trieb, aus dem die Religion hervorgeht, ihr letzter Grund ist der *Glückseligkeitstrieb,* und wenn dieser Trieb etwas Egoistisches ist, also der *Egoismus.*

*(Das Wesen der Religion, 1845)*

**13/2**

Es handelt sich also im Verhältnis der selbstbewußten Vernunft zur Religion nur um *die Vernichtung einer Illusion* – einer Illusion aber, die keineswegs gleichgültig ist, sondern vielmehr *grundverderblich* auf die Menschen wirkt, den Menschen, wie um die Kraft des wirklichen Lebens, so um den Wahrheits- und Tugendsinn bringt; denn selbst die Liebe, an sich die innerste, wahrste Gesinnung, wird durch die Religiosität zu einer nur *scheinbaren, illusorischen,* indem die religiöse Liebe den Menschen nur um Gottes willen, also nur scheinbar den Menschen, in Wahrheit nur Gott liebt. Wir dürfen die religiösen Verhältnisse nur umkehren, so haben wir *die Illusion zerstört* und das ungetrübte Licht der Wahrheit vor unseren Augen.

*(Das Wesen des Christentums, 1841)*

##  Feodor M. Dostojewski
## Empörung [Iwan Karamasow]

*Seit Menschen an einen Gott glauben, fragen sie, warum es Leid und Böses gibt. Die Fragen können verschwommen oder deutlich, theoretisch oder betroffen, müde oder empört gestellt werden: Ist das Böse die Folie des Guten? Läßt es die Herrlichkeit Gottes um so deutlicher hervortreten? Wählt der Mensch in freier Entscheidung zwischen Gut und Böse? Ist unsere Welt die beste aller denkbaren Welten? Warum verhindert Gott das Übel nicht? Will er nicht oder übersteigt es seine Macht? Endlichkeit und Unvollkommenheit (das metaphysische Übel) mögen mit der Existenz der Welt notwendig verbunden sein. Der Schmerz (das physische Übel) mag mit der Leiblichkeit des Menschen unumgänglich gegeben sein. Kann aber das Böse (das moralische Übel) damit erklärt werden, daß der Mensch ja die Freiheit brauche, um zwischen Gut und Böse entscheiden zu können? – In seinem großangelegten Roman »Die Brüder Karamasow« thematisiert Dostojewski deutlich die Theodizee-Frage. Es werden Argumente geprüft, die Gott entlasten und angesichts des Leidens in der Welt bestehen könnten.*

*Zum Romanzusammenhang: Der alte, nichtsnutzige, geschlechtlich hemmungslose Vater Fedor Pawlowitsch Karamasow ist ermordet worden. Seine drei Söhne Dmitri, Iwan und Alescha enthüllen in der Reaktion auf den Vater und dessen Ermordung ihre Weltanschauung und ihren Charakter. Dmitri wird wegen der angeblichen Ermordung seines Vaters unschuldig verurteilt. Iwan ist ein moderner Freigeist; beeinflußt von den Ideen Nietzsches predigt er eine Moral jenseits von Gut und Böse und versucht, auch Alescha, den Jüngsten, der fernab von den leidenschaftlichen Verstrickungen des Lebens in der Welt seines geistlichen Vaters Sosima lebt, zu seinen Ansichten zu bekehren. Iwan im Gespräch mit Alescha:*

. . . Es war zu Beginn dieses Jahrhunderts ein General, ein General mit großen Beziehungen und ein sehr reicher Gutsbesitzer . . . Da lebt nun der General auf seinem Gute von zweitausend Seelen, tut groß, behandelt seine ärmeren Nachbarn wie Schmarotzer und wie seine Hofnarren. Einen Hundestall hält er mit Hunderten von Hunden und an die hundert Hundewärter, alle uniformiert und alle zu Pferde. Und da hat nun einmal ein nur achtjähriger Knabe eines Hofleibeigenen beim Spielen einen Stein geschleudert und zufällig des Generals Lieblingshetzhund am Bein verletzt. ›Weshalb hat mein Lieblingshund zu hinken angefangen?‹ Man berichtet ihm, daß dieser Knabe da mit dem Stein auf den Hund warf und ihm das Bein verletzte. ›Aha, das bist du!‹ sprach der General, indem er ihn von oben bis unten musterte. ›Packt ihn!‹ Man faßte den Knaben, man nahm ihn der Mutter fort, die ganze Nacht saß er im Arrestlokal; am Morgen bei Tagesanbruch zieht der General mit seiner ganzen Parade auf die Jagd. Er stieg zu Pferde inmitten seiner Meute, um ihn herum seine Schmarotzer, Hundewärter und Jägermeister, alle zu Pferde. Ringsherum waren die Hofleibeigenen versammelt, zu ihrer Erbauung, allen voran steht die Mutter des schuldigen Knaben. Man führt den Knaben aus dem Arrestlokal heraus. Es ist ein finsterer, kalter, nebliger Herbsttag, so recht für die Jagd geeignet. Der General befiehlt, den Knaben auszukleiden. Man kleidet das Kindchen ganz aus. Es steht nackt da und zittert vor Kälte, ist sinnlos vor Angst und wagt nicht zu mucksen. ›Hetzt ihn!‹ befiehlt der General. ›Lauf! Lauf!‹ schreien ihm die Hundewärter zu. Der Knabe läuft. ›Ihm nach!‹ brüllt der General und läßt auf ihn die ganze Meute der Windhunde los. Er hetzt das Kind vor den Augen der Mutter, und die Hunde haben es denn auch in Fetzen gerissen. Den General hat man – so scheint es – unter Vormundschaft gestellt. Nun, was soll man denn auch mit ihm anfangen? Ihn erschießen? Soll man ihn wirklich erschießen, damit unser sittliches Gefühl Beruhigung finde? Sprich, Alescha!«

»Man soll ihn erschießen!« sprach leise Alescha, und er erhob mit einem bleichen, unsicheren Lächeln den Blick zu seinem Bruder.

»Bravo!« kreischte Iwan wie im Triumphe; »wenn du schon es gesagt hast, so bedeutet das . . . Ei, du Asket! Sieh einmal an, was für ein kleiner Dämon in deinem Herzchen sitzt, Alescha Karamasow!«

»Ich sagte da wohl etwas Albernes, indes . . .«

»Das ist es ja gerade, das ›indes‹!« rief Iwan. »Wisse, dienender Mönch, daß die Albernheiten allzu nötig sind auf der Erde! Auf Albernheiten steht die Welt, und ohne sie wäre vielleicht überhaupt nichts auf ihr vorgefallen. Wir wissen, was wir wissen!« »Was weißt du denn?«

»Ich weiß gar nichts«, fuhr Iwan fort, als ob er im Fieber spreche, »ich will aber auch jetzt gar nichts verstehen! Wenn ich etwas verstehen will, so tue ich ja sogleich den Tatsachen Gewalt an, ich habe aber beschlossen, bei der Tatsächlichkeit zu bleiben . . .«

»Weshalb stellst du mich denn auf die Probe?« rief plötzlich ihn unterbrechend und kummervoll Alescha; »wirst du mir das endlich sagen?«

»Natürlich werde ich es sagen, ich habe unser Gespräch ja nur darauf hingeleitet, um es dir zu sagen. Du bist mir teuer, ich will dich nicht loslassen und werde dich deinem Sosima nicht abtreten.«

Iwan schwieg über eine Minute lang, sein Gesicht ward plötzlich sehr kummervoll.

»Höre mich an: Ich nahm meine Beispiele aus der Kinderwelt, damit der Zusammenhang klarer zutage trete. Von den übrigen Menschentränen, von denen die ganze Erde durchtränkt ist, von ihrer Rinde bis zu ihrem Mittelpunkt, will ich schon kein Wort sagen, ich habe absichtlich mein Thema beschränkt ... Zum hundertsten Male wiederhole ich es: Der Fragen sind viele, ich aber nahm mir die Kinder, weil dort das unabweisbar klar ist, was ich zu sagen habe. Höre denn: Wenn alle leiden müssen, um durch Leiden ewige Harmonie zu erkaufen, was haben dann die Kinder damit zu schaffen? Sage es mir, bitte! Es ist ja durchaus unverständlich, wofür auch sie zu leiden hätten, und weshalb sie durch Leiden die Harmonie erkaufen müßten. Wofür sind denn auch sie unter das Material geraten, mit dem man für irgendwen eine zukünftige Harmonie ›düngt‹? Daß unter den Menschen gegenseitiges Verpflichtetsein in der Sünde herrscht, verstehe ich, ich verstehe der Menschen Solidarität auch in der Vergeltung; aber die Kinderchen sind doch nicht eingeschlossen in die Solidarität der Sünde! Und wenn die Wahrheit tatsächlich darin liegen sollte, daß auch sie solidarisch sind mit ihren Vätern in allen deren Übeltaten, so ist natürlich schon diese Wahrheit nicht von dieser Welt und mir unverständlich! Dieser oder jener Spaßvogel wird freilich sagen, das sei einerlei: das Kind werde ja heranwachsen und schon die Kunst, zu sündigen, erlernen. Aber es ist ja gar nicht herangewachsen! Man hat es ja mit acht Jahren mit Hunden zu Tode gehetzt! Oh, Alescha, ich spreche keine Gotteslästerung aus! Ich verstehe ja durchaus, wie gewaltig die Erschütterung der ganzen von Menschen bewohnten Erde sein wird, wenn einst alles im Himmel und unter der Erde zusammenfließen wird in eine Lobeshymne und alles, was lebt und gelebt hat, ausrufen wird: ›Gerecht bist du, Herr, denn es offenbaren sich deine Wege!‹ Wenn schon die Mutter sich mit dem Wüterich umarmen wird, der ihren Sohn von Hunden zerreißen ließ, und alle drei mit Tränen ausrufen werden: ›Gerecht bist du, Herr!‹ dann wird schon natürlich die Erfüllung der Erkenntnis anbrechen, und alles wird dann seine Aufklärung finden. Nun, da ist aber auch das Komma; gerade damit kann ich ja nicht einverstanden sein! Und solange ich noch auf Erden bin, beeile ich mich, meine Maßregeln zu ergreifen. Siehst du wohl, Alescha, es kann ja sein, und tatsächlich wird es sich wohl so ereignen, daß, wenn ich selber bis zu diesem Augenblicke leben werde oder auferstehen werde, um ihn zu erschauen, daß dann auch ich selber gar am Ende noch mit allen anderen ausrufen werde, wenn ich auf die Mutter hinschaue, wie die den Folterer ihres Kindchens umschlungen hält: ›Gerecht bist du, Herr!‹ Ich will aber gar nicht, daß ich dann so ausrufe. Solange es noch an der Zeit ist, beeile ich mich, mich dagegen zu wehren, und deshalb sage ich mich auch völlig los von der höchsten Harmonie. Sie lohnt gar nicht das Tränchen, sei es auch nur eines einzigen gemarterten Kindchens, das sich mit seinen kleinen Fäustchen an die Brust schlug in seiner übelriechenden Höhle und mit seinen ungesühnten Tränchen zu dem lieben Gott betete! Die Harmonie ist das nicht wert, weil eben diese Tränchen ungesühnt blieben. Sie müssen aber gesühnt werden, sonst kann es auch gar keine Harmonie geben. Wodurch aber, wodurch wirst du sie sühnen? Ist das denn überhaupt möglich? Doch nicht etwa dadurch, daß sie gerächt sein werden? Wozu soll mir denn ihr Gerächtwerden, wozu soll mir die Hölle für ihre Peiniger dienen? Was kann da die Hölle wiedergutmachen, wenn jene schon zu Tode gequält wurden? Und was ist denn das auch für eine Harmonie, wenn es eine Hölle gibt? Ich will verzeihen und umarmen, ich will gar nicht, daß noch weiter gelitten werde. Und wenn die Leiden der Kinder nötig waren, um jene Leidenssumme zu erfüllen, die unumgänglich ist, um die Wahrheit zu erkaufen, so behaupte ich schon im voraus, daß die ganze Wahrheit dann gar nicht wert ist eines solchen Kampfpreises! Schließlich will ich auch gar nicht, daß die Mutter den Folterer umarme, der ihren Sohn von Hunden zerreißen ließ! Sie soll gar nicht wagen, ihm zu verzeihen! Wenn sie es aber wünscht, so möge sie für ihre Person verzeihen, so möge sie dem Folterer das maßlose Leiden verzeihen, das ihr als Mutter durch ihn ward, aber die Leiden ihres von Hunden zerrissenen Kindchens hat sie gar kein Recht zu verzeihen; sie darf es auch gar nicht, dies dem Folterknecht verzeihen, wenn sogar das Kind selber ihm verzeihen würde.

Wenn dem aber so ist, wenn sie nicht wagen darf zu verzeihen, wo ist dann die Harmonie? Lebt wohl auf der ganzen Welt ein Wesen, das verzeihen könnte und ein Recht dazu habe? Ich aber will gar keine Harmonie, aus Liebe zur Menschheit will ich sie nicht. Ich will lieber verharren bei ungesühntem Leiden. Da werde ich dann besser schon ausharren mit meinem ungerächten Leiden und meinem unbeschwichtigten Unwillen, wenn ich auch unrecht hätte. Ja, und überhaupt hat man die Harmonie viel zu hoch bewertet, es ist überhaupt nicht unseren Vermögensverhältnissen angemessen, so viel für das Eintrittsbillett zu ihr zu zahlen. Deshalb beeile ich mich auch, mein Eintrittsbillett zurückzugeben. Und wenn ich auch nur eben ein anständiger Mensch bin, so bin ich sogar verpflichtet, es so rasch wie möglich zurückzugeben. Das tue ich denn auch. Nicht daß ich Gott meine Anerkennung verweigere, ich gebe ›Ihm‹ nur in aller Ehrerbietung mein Eintrittsbillett zurück.«

»Das ist Auflehnung«, sprach leise und gesenkten Hauptes Alescha.

»Auflehnung? Ich hätte von dir nicht ein solches Wort gewünscht«, sprach vielsagend Iwan; »kann man denn leben im Aufruhr gegen Gott? Ich aber will ja leben. Sage mir selber offen und ehrlich, ich rufe dich – antworte: Stelle dir einmal vor, du selber leitetest den Aufbau des Menschheitsschicksals in der Absicht, schließlich alle Menschen zu beglücken, ihnen allen endlich Frieden und Ruhe zu geben; die unbedingte und unausweichliche Vorbedingung zur Erreichung dieses Zieles wäre aber – so stelle dir einmal vor –, daß du wenn auch nur ein einziges, winziges Geschöpfchen quälen müßtest, nehmen wir an, gerade dieses selbe kleine Kindchen, das sich mit seiner kleinen Faust an die Brust schlug –, um auf seinen ungesühnten Tränen diesen Bau aufzurichten, würdest du unter diesen Bedingungen einverstanden sein, der Bauherr dieses Baues zu sein? Sprich und sage die Wahrheit!«

»Nein! Ich würde nicht damit einverstanden sein«, sprach leise Alescha.

»Und kannst du dich denn bei dem Gedanken beruhigen, daß die Menschen, für die du bauest, selber damit einverstanden wären, ihr Glück in Empfang zu nehmen auf Grund des nicht gerechtfertigten Blutes des kleinen Märtyrers, und daß, wenn sie es unter solchen Umständen angenommen hätten, sie nun auch auf ewig glücklich bleiben?«

»Nein, dabei kann ich mich nicht beruhigen, Bruder«, sprach plötzlich mit funkelnden Augen Alescha; »du sagtest aber soeben: Ist denn auf der ganzen Welt ein ›Wesen‹, das verzeihen könnte und ein Recht dazu hätte? Aber dies ›Wesen‹ lebt ja, und ›Es‹ kann alles verzeihen, allen und jedem und für alles, weil ›Es‹ ja selber sein unschuldiges Blut hingab für alle und alles. Du hast ›Seiner‹ vergessen, auf ›Ihm‹ aber ist ja gerade der Bau gegründet und ›Ihm‹ gerade rufen sie zu: ›Gerecht bist du, Herr, denn es haben sich Deine Wege offenbart!‹«

»Ah! da ist ja auch endlich der ›eine Sündlose‹ und ›Sein‹ Blut! Nein, ich habe seiner nicht vergessen und mich ganz im Gegenteil die ganze Zeit über darüber gewundert, wie lange du ihn nicht anführtest, denn gewöhnlich führen ja deine Gesinnungsgenossen bei solchen Wortstreiten ›Ihn‹ zuallererst ins Treffen.«

## 15 Jean-Paul Sartre
## Freiheit oder Gottesglaube

*Sartre sieht den Menschen vor die Wahl gestellt: Entweder gibt er sich mit Scheinsicherheiten zufrieden oder er nimmt sein Freisein an. Wenn er sich an Gott, Werte oder andere Stützen klammert, wird er seiner Freiheit nicht gewahr. Wenn er in einer Welt, in die er zufällig geworfen ist, seine Verlassenheit erkennt und die Absurdität des Daseins durchsteht, ist er seine Freiheit und er (er)findet sich selbst.*

**15/1**

Dostojewski hatte geschrieben: »Wenn Gott nicht existierte, so wäre alles erlaubt.«
Das ist der Ausgangspunkt des Existentialismus. In der Tat, alles ist erlaubt, wenn
Gott nicht existiert, und demzufolge ist der Mensch verlassen, da er weder in sich
noch außerhalb seiner eine Möglichkeit findet, sich anzuklammern. Vor allem findet
er keine Entschuldigungen. Geht tatsächlich die Existenz der Essenz voraus, so kann
man nie durch Bezugnahme auf eine gegebene und feststehende menschliche Natur
Erklärungen geben; anders gesagt, es gibt keine Vorausbestimmung mehr, der
Mensch ist frei, der Mensch ist Freiheit.

Wenn wiederum Gott nicht existiert, so finden wir uns keinen Werten, keinen
Geboten gegenüber, die unser Betragen rechtfertigen. So haben wir weder hinter
uns noch vor uns, im Lichtreich der Werte, Rechtfertigungen oder Entschuldigungen. Wir sind allein, ohne Entschuldigungen. Das ist es, was ich durch die Worte
ausdrücken will: Der Mensch ist verurteilt, frei zu sein. Verurteilt, weil er sich nicht
selbst erschaffen hat, anderweit aber dennoch frei, da er, einmal in die Welt
geworfen, für alles verantwortlich ist, was er tut . . . Er [der Existentialist] denkt
also, daß der Mensch ohne irgendeine Stütze und ohne irgendeine Hilfe in jedem
Augenblick verurteilt ist, den Menschen zu erfinden.

Der Existentialismus ist nichts anderes als eine Bemühung, alle Folgerungen aus
einer zusammenhängenden atheistischen Einstellung zu ziehen. Er versucht
keineswegs, den Menschen in Verzweiflung zu stürzen. Aber wenn man, wie die
Christen, jede Haltung des Unglaubens Verzweiflung nennt, so geht der Existentialismus von der Urverzweiflung aus. Der Existentialismus ist mithin nicht ein
Atheismus im Sinne, daß er sich erschöpfte in dem Beweis, Gott existiere nicht. Eher
erklärt er: Selbst wenn es einen Gott gäbe, würde das nichts ändern; das ist unser
Standpunkt. Nicht, als ob wir glaubten, daß Gott existiert, aber wir denken, daß die
Frage nicht die seiner Existenz ist; der Mensch muß sich selbst wieder finden und
sich überzeugen, daß ihn nichts vor ihm selber retten kann, wäre es auch ein gültiger
Beweis der Existenz Gottes.

In diesem Sinne ist der Existentialismus ein Optimismus, eine Lehre der Tat, und nur
aus Böswilligkeit können die Christen, ihre eigene Verzweiflung mit der unsern
verwechselnd, uns zu Verzweifelten stempeln.

**15/2**

Ich flehte, ich rang um ein Zeichen, ich sandte dem Himmel Botschaften zu, doch es
kam keine Antwort. Der Himmel weiß nicht einmal, wer ich bin! In jedem
Augenblick fragte ich mich, was ich in den Augen Gottes wohl sei. Ich kenne die
Antwort jetzt: nichts. Gott sieht mich nicht, Gott hört mich nicht, und Gott kennt
mich auch nicht. Du siehst diese Leere zu unseren Häuptern? Diese Leere ist Gott.
Du siehst dies Loch in der Erde? Das Schweigen ist Gott. Die Abwesenheit ist Gott,
die Verlassenheit der Menschen ist Gott. Was da war, war einzig ich: ich allein habe
mich für das Böse entschieden, ich selber klage mich heute an, und auch freisprechen
kann nur ich mich, der Mensch. Wenn Gott existiert, ist der Mensch ein Nichts; wenn
der Mensch existiert, . . .

## 16 Nach Blaise Pascal
## Die Wette

*Leidenschaftlich verteidigt der Mathematiker, Physiker und Philosoph
Pascal (1623–1662) Macht und Würde der menschlichen Vernunft. In
allen Bereichen der Lebens- und Weltdeutung wendet er sie an und läßt
er sie sich entfalten. Dabei gelangt er an eine Grenze: Wir sind unfähig
zu erkennen, was Gott ist! Die Grenze führt an einen Abgrund, vor dem
bis dahin die meisten zurückschreckten: Wir sind sogar unfähig zu
erkennen, ob Gott ist!*

*Die schließende Vernunft kann von da an keine Gewißheit mehr bieten. Führt die Spekulation vielleicht weiter, wenn sie alternative Möglichkeiten durchspielt? Was kann man gewinnen, und was steht auf dem Spiel, wenn man auf die Existenz oder die Nicht-Existenz Gottes setzt?*

*A:* Ob es Gott gibt oder nicht, kann man nicht sicher entscheiden. Stimmst du dem zu?

*B:* Ich stimme zu.

*A:* Also können wir die Frage auf sich beruhen lassen.

*B:* Nein, ich glaube trotzdem an Gott.

*A:* Aber kannst du an etwas glauben, was du nicht beweisen kannst? Ich glaube nämlich, daß es keinen Gott gibt.

*B:* Aber wie kannst *du* das glauben, wenn du es auch nicht beweisen kannst?

*A:* So kommen wir nicht weiter. Ich habe ja gleich gesagt, daß man die Frage nicht entscheiden kann.

*B:* Ich bin einverstanden. Deshalb schlage ich dir ein anderes Verfahren vor. Wir wollen wetten.

*A:* Wieso wetten?

*B:* Nun, ein Spiel –, aber ein Spiel mit Folgen, ein Spiel am Abgrund! – Ich wette, daß es einen Gott gibt.

*A:* Gut, ich wette also, daß es keinen Gott gibt! Und was bekomme ich, wenn ich gewinne?

*B:* Nichts!

*A:* Nichts?

*B:* Ja, wenn du nämlich gewinnst, hast du zwar Recht: Es gibt dann keinen Gott. Aber im Grunde hast du verloren! Und ich habe auch verloren. Wenn es keinen Gott gibt, ist unser Leben sinnlos und leer.

*A:* Und wenn du gewinnst?

*B:* Nun, dann habe ich doppelten Gewinn: Ich habe recht behalten: es gibt einen Gott! Damit gibt es zugleich Glück und Zukunft für den Menschen – auch für mich. Für dich aber auch. Du hast also mit mir gewonnen.

*A:* Das sehe ich ein. Aber wir sind immer noch nicht weitergekommen. Ob es Gott wirklich gibt, ist genauso ungewiß wie vorher.

*B:* Ja und nein. Es ist doch immerhin klar geworden, daß du dich entscheiden mußt und daß die Entscheidung Folgen hat.

*A:* Und du meinst, deshalb schon sollte ich mich für den Glauben an Gott entscheiden?

*B:* Ja sicher. Bedenke doch: du mußt zwischen zwei Antworten wählen, die sich ausschließen, die aber mit gleicher Wahrscheinlichkeit richtig sind. Eine Antwort hat gute Folgen, die andere schreckliche. Wie kannst du da noch zögern?

*A:* Aber, wenn ich mich dabei irre?

*B:* Dann hast du nichts verloren. Du hast eine Illusion geglaubt, gewiß. Aber im anderen Fall hättest du das Nichts gewählt, das kann dich auch nicht glücklich machen.

*A:* Du meinst also, ich muß eigentlich an Gott glauben.

*B:* Nein, du mußt nicht. Aber es ist deine einzige Chance.

## Wolfhart Pannenberg: Wie kann heute glaubwürdig von Gott geredet werden?

*Wer reflektiert von Gott reden will, kann heute nicht daran vorbeigehen, daß die Existenz Gottes auch bestritten wird. Wie soll sich die Theologie atheistischen Argumenten gegenüber verhalten? Verliert sie ihren*

*Gegenstand, wenn sie sich darauf einläßt? Kann sie aus der Defensive herauskommen, in welche sie durch den modernen Atheismus gedrängt wurde? Jedenfalls ist sie aufgefordert, sich durch logische Argumentation auszuweisen.*
*W. Pannenberg versucht dies, indem er sich mit drei Hauptströmen des modernen Atheismus auseinandersetzt. Sie finden diese auch in den Texten 13–15. (Vergleichen Sie auch Text 30 und die Einführung dazu.)*

Nach diesen Vorbemerkungen wende ich mich den seriösen Argumenten des Atheismus zu. Unter ihnen ragen drei besonders heraus: Das erste ist die Erklärung des Gottesgedankens als *Projektion* menschlicher Wünsche und Ängste in einen imaginären Himmel. Dieser Gedanke hat von Ludwig Feuerbach bis zu Marx, Nietzsche und Freud die atheistische Argumentation bestimmt und hat durch die immense Wirkung dieser drei Autoren auf das Denken der Gegenwart fast das Ansehen eines Axioms gewonnen. Das zweite Argument richtet sich auf die Unvereinbarkeit der Welt, wie sie ist, in ihrer Bosheit und ihrem Leid, mit der Annahme eines zugleich gütigen und allmächtigen Gottes. Dieses moralische Argument gegen die Existenz Gottes hat seine klassische Formulierung durch Dostojewskis Iwan Karamasow gefunden und ist in unserer Zeit durch Camus eindrucksvoll verfochten worden. Das dritte Argument behauptet, daß Gott und die menschliche Freiheit einander ausschließen. Deshalb haben Nietzsche, Nicolai Hartmann[1], Jean Paul Sartre um der Freiheit des Menschen willen den Gottesgedanken bekämpft. Unausgesprochen dürfte dieses Argument schon der Religionskritik Feuerbachs [vgl. Text 13] zugrunde liegen, die eine der Hauptwurzeln alles modernen Atheismus bildet.
Was ist zu diesen drei Argumenten zu sagen?

1. Die Behauptung, daß religiöse Vorstellungen, auch die der Bibel, Projektionen des menschlichen Geistes darstellen und nicht einfach eine dem Menschen begegnende Wirklichkeit benennen, braucht keinen atheistischen Charakter zu haben. Für viele neuzeitliche Theorien des Erkennens hat alle Erfahrung und alles Denken der Menschen die Form schöpferischen Entwerfens, also den Charakter von Projektionen, nicht den einer bloß passiven Hinnahme vorgegebener Daten. Der Entwurfcharakter aller geistigen Akte schließt dabei keineswegs aus, daß sich Erkenntnis auf außermenschliche Wirklichkeit beziehen und diese auch treffen kann. Wenn mit dem Begriff Projektion kein Vorurteil gegen einen entsprechenden Realitätsbezug religiöser Erfahrung verbunden wäre, brauchte die Kennzeichnung des Redens von Gott als Projektion nicht prinzipiell verworfen zu werden. Nur zu oft ist allerdings ein derartiges Vorurteil mit der Beschreibung religiöser Erfahrungen als Projektionen verknüpft worden. Man erklärte dann den Inhalt religiöser Erfahrungen als Spiegelung, als *Übertragung* anderer Erfahrungen auf die geheimnisvolle Macht, deren das religiöse Erleben gewahr wird. Man dachte dabei an Erfahrungen von Naturmächten, besonders aber an die Vorstellungen der Menschen von sich selbst. Der Gedanke einer personhaften göttlichen Wirklichkeit wäre nach dieser Auffassung überhaupt erst dadurch entstanden, daß der Mensch eine Seite seiner selbst von sich ablöste und für ein anderes, fremdes Wesen ausgab. Nun lassen sich gewiß viele Beispiele für solche anthropomorphe[2] Übertragung in den Religionen finden: Dem Handeln der Götter sind menschliche Motive wie Eifersucht, Zorn oder Reue unterlegt worden, und sogar ihre Gestalt wurde oft menschenähnlich gedacht und dargestellt. Dennoch läßt sich das Gesamtphänomen göttlicher Wirklichkeit, wie sie in den verschiedenen Religionen erfahren wurde, nirgends erschöpfend durch derartige Übertragungen von außerreligiösen Erfahrungen her und besonders von der menschlichen Selbsterfahrung her erklären. Das hat einen sehr einfachen Grund: Die Menschen aller alten Kulturen haben ihre Welt und vor allem sich selbst erst im Lichte der göttlichen Wirklichkeit, derer sie gewahr wurden, verstanden. Die Geschichte des Selbstverständnisses der Menschen ist eine Funktion der Religionsgeschichte der Menschheit. Ein religiös neutrales, profanes

Selbstverständnis des Menschen ist dagegen ein Spätprodukt der Menschheitsgeschichte. Darum kann es nicht ohne weiteres als Ausgangspunkt für eine psychologische Erklärung der Religion benutzt werden. Ein solcher Anachronismus liegt jedoch überall da vor, wo religiöse Erfahrungen und Vorstellungen fundamental als Übertragung profaner menschlicher Selbsterfahrung auf ein illusionäres Schemen gedeutet werden. Die dabei vorausgesetzte profane Selbsterfahrung der Menschen hat es in den Ursprüngen keiner der alten Kulturen gegeben. Daran vor allem scheitert jede Theorie, die die religiösen Überlieferungen der Menschheit als illusionäres Spiegelbild der Menschen selbst erklären will. Religion kommt nicht derart sekundär zum Menschsein des Menschen hinzu. Vielmehr scheint Religion von Anfang an für den Menschen ebenso charakteristisch gewesen zu sein wie der Gebrauch von Feuer und Werkzeugen und die Fähigkeit zur Sprache. Ihr kommt derselbe fundamentale, die Sonderstellung des Menschen unter den höheren Tieren begründende Rang zu wie jenen anderen Merkmalen menschlichen Verhaltens. Die innere Geschichte der Menschheit, der Weg des Menschen zum Verständnis seiner selbst, war von Stufe zu Stufe abhängig von den Veränderungen der religiösen Erfahrung, die jeweils alle sonstige Erfahrung der Menschen und deren Veränderungen in sich zusammenfaßte. [...]

2. Das zweite atheistische Argument kann man als moralisches Argument gegen die Existenz Gottes bezeichnen. Auf den ersten Blick wirkt es überzeugend, daß das Übermaß des Leides und die Macht des Bösen in der Welt unvereinbar sind mit der Wirklichkeit eines zugleich allmächtigen und liebevollen Gottes. Dieser Eindruck drängt sich nahezu unabweisbar auf, wenn man Gott als den Schöpfer einer anfänglich vollkommenen Welt denkt, in der dann nachträglich das Böse eingerissen wäre. Die Theologen sind nicht unschuldig daran, daß unter diesem Gesichtspunkt der von Jesus verkündete Gott der väterlichen Liebe immer wieder die steinernen Züge eines Schreckensantlitzes angenommen hat, das ohne Not Leiden und Verzweiflung über die angeblich geliebte Menschheit verhängt. Aber vielleicht hat die Theologie hier die mythische Denkform der Erzählungen von Schöpfung und Sündenfall nicht genügend berücksichtigt und darum Schlüsse aus ihr gezogen, die ihren Sinn verkehren? Vielleicht hat die Theologie in einer allzu abstrakten Weise von der Allmacht Gottes gesprochen, nämlich ohne Rücksicht auf die Kämpfe der Geschichte? Es kommt auf den Ausgangspunkt an, auf die Erfahrungsgrundlage, von der her das Bekenntnis zur Allmacht Gottes und zur Abhängigkeit aller Dinge von ihm als ihrem Schöpfer gesprochen wird. Diese Erfahrungsgrundlage aber existiert nicht jenseits der Kämpfe der Geschichte, in der die Wirklichkeit Gottes noch strittig ist. Es ist die Erfahrung einer Welt, in der das Reich Gottes, die Herrschaft Gottes noch nicht endgültig in Erscheinung getreten ist. In dieser Welt des Kampfes gegen das Leid, gegen die Sinnlosigkeit und gegen das Böse ist Gott die äußerste, die stärkste Macht, mit der der Mensch sich verbinden kann, selbst da noch, wo er allem Anschein nach hoffnungslos unterliegt. So gesehen ist Gott nicht widerlegt durch das Übel in der Welt. Im Gegenteil, das Vertrauen auf seine Wirklichkeit ist das Letzte und Äußerste, was der Mensch der Hoffnungslosigkeit und dem Tod entgegenzusetzen hat. Gott ist die Kraft der Hoffnung gegen alle Hoffnung. Und das Bekenntnis zu seiner Allmacht, das Bekenntnis zu ihm als dem Schöpfer aller Dinge ist nicht einfach Feststellung von etwas, was unbestreitbar vorhanden wäre, sondern Ausdruck der Hoffnung und des Vertrauens auf die Übermacht der göttlichen Liebe über alles Grauen und alle Absurdität dieser Welt, ja auch über den Tod. [...]

3. Das dritte und vielleicht entscheidende Motiv atheistischer Kritik ist die angebliche Gefährdung der menschlichen Freiheit durch den Gottesgedanken. Man sagt, der Gedanke eines ewigen und allmächtigen Herrschers der Welt schließe aus, daß irgend etwas in der Welt geschehe, was nicht von Ewigkeit her von Gott vorhergesehen und vorherbestimmt wäre. Daher bedeute die Annahme Gottes die Unmöglichkeit der Freiheit, und umgekehrt: die Erfahrung der Freiheit schließe die Existenz eines Gottes aus. Wieder muß zugestanden werden, daß die Theologie selbst durch irreführende Denkgewohnheiten diese Argumentation ermöglicht hat.

Doch wird nur die theologische Reflexionsform von der Kritik des Atheismus getroffen, nicht der Gott der christlichen Glaubenserfahrung selbst: Dieser Gott ist der Ursprung der Freiheit, nicht ihr Feind. Das ist der christlichen Theologie immer bewußt gewesen, wenn sie sich dem erlösenden Handeln Gottes zuwendete. Hier erweist sich Gott als die den Menschen aus aller Gebundenheit zu sich selbst befreiende Macht. Freiheit hat ja niemand aus sich selbst. Sie muß immer wieder neu geschenkt werden; denn Freiheit besteht gerade im Hinausgehen über das, was sowieso schon ist, auch über das, was wir selbst je schon sind. Die christliche Theologie hat, wie gesagt, immer etwas davon gewußt, daß Gott die zur Freiheit erlösende Macht ist. Aber sie hat sich dieses Motiv verdecken lassen von den vermeintlichen Konsequenzen, zu denen sich die Theologen gedrängt fühlten durch den Gedanken der Ewigkeit Gottes. Ein ewiger Gott, so meinte man, müsse auch unveränderlich derselbe sein, und also müsse er am Anfang der Schöpfung schon derselbe sein wie an ihrem Ende, von Anfang an allmächtig und allwissend den Lauf aller Dinge lenken. Dadurch erschien Gott, obwohl er doch als Erlöser der Menschen die Freiheit allererst ermöglicht, als ihr Feind. Wäre umgekehrt Gott als der Ursprung der menschlichen Freiheit gedacht worden, dann hätte er nicht zugleich als ein wie die Dinge der Welt vorhandenes Wesen gedacht werden können. Er hätte als die Zukunft des guten und des wahren Glückes gedacht werden müssen, deren Fülle in der Welt immer noch unverwirklicht ist, von ihr her oft unwahrscheinlich erscheinen muß und höchstens in Andeutungen und Gleichnissen anbricht. Dieser Zukunft ist die Sehnsucht nach Freiheit zugewandt, weil sie allein Ursprung der Freiheit werden kann.

Die traditionelle christliche Gotteslehre wird an dieser Stelle von der atheistischen Kritik hart getroffen, ebenso wie der klassische philosophische Theismus, dem die Theologie sich verbunden hatte. Aber der ursprüngliche christliche Gottesgedanke, wie er in der Botschaft Jesu von der kommenden Herrschaft Gottes und von ihrem Anbruch in Gottes jetzt schon befreiender Liebe beschlossen ist, wird dadurch nicht zerstört, sondern eher freigelegt. Die atheistische Kritik kann an dieser Stelle der Theologie dazu verhelfen, die Eigentümlichkeit des christlichen Glaubens an die befreiende Macht der göttlichen Liebe besser zu verstehen, als es in früheren Epochen geschah, in denen man den Gott der Bibel allzu unproblematisch in den Formeln der philosophischen Gotteslehre der Antike wiederzuerkennen glaubte. Gott als den Ursprung der Freiheit verstehen, das heißt, ihn zusammen mit der Freiheit des Menschen der vorhandenen Welt entgegensetzen. Als Ursprung der Freiheit kann Gott nicht ein in der Welt oder hinter ihr vorhandenes Wesen sein. Die Theologie muß ganz neu den Sinn der Botschaft Jesu verstehen lernen, daß die Herrschaft Gottes noch im *Kommen* ist. Das heißt, daß Gott selbst noch im Kommen ist und nur als der Kommende, als Zukunft dieser Welt schon in ihr gegenwärtig wird. So – als der Kommende – wird Gott auch als Ursprung der Freiheit verstehbar: Er erhebt den Menschen über das Vorhandene, befreit ihn von der Gebundenheit an das System der bestehenden Welt. Und doch wendet er den Menschen der vorhandenen Welt wieder zu, so wie er selbst in seinem Kommen sich der Welt zuwendet und schon jetzt in ihr gegenwärtig wird als der Kommende. In dieser Zuwendung zur Welt hat Jesus die Liebe Gottes erkannt, weil dadurch schon der gegenwärtigen Welt Gemeinschaft mit Gott, mit der sie übersteigenden endgültigen Wirklichkeit eröffnet wird. Das geschieht im Geschenk der Freiheit, in jedem Augenblick, da ein Mensch hinauswächst über das, was er bis dahin war, und fähig wird, sich in neuer Weise der Welt zuzuwenden.

Daß Gott Ursprung und Schutzmacht der Freiheit ist, das ist das letzte und stärkste Argument des Glaubens gegen den Atheismus. Es umfaßt auch die beiden zuvor erörterten Gesichtspunkte. Daß in der Geschichte die Menschen sich selbst ursprünglich im Lichte ihrer Erfahrung göttlicher Wirklichkeit verstanden haben, das findet seine definitive Erklärung dadurch, daß Gott Ursprung der Freiheit ist. Denn im Akt seiner Freiheit wird der Mensch eins mit sich selbst, mit seiner Bestimmung. Darum ist die Geschichte der Menschheit, soweit es den Menschen in ihrer Geschichte um sich selbst geht, eine Geschichte des Kampfes um Freiheit. Und

gerade darin ist sie Religionsgeschichte. Der Gott, der der Ursprung der Freiheit ist
– und allein dieser –, ist nicht ein Geschöpf des Menschen, sondern ein Schöpfer. Er
allein vermag dem Menschen mit seiner Freiheit auch seine Würde zu bewahren und
wiederzugeben inmitten von Unglück und eigenem Versagen, von Verrat und
Erniedrigung. Darum ist er – noch im Scheitern unserer Auswege, im Versagen
unserer Anstrengungen – den Menschen verbunden als die große Gegenmacht
gegen Unrecht, Leiden und Tod.

[1] *N. Hartmann* (1882–1950): Philosoph, sieht
ähnlich wie Sartre keine Möglichkeit, die Freiheit
der Person mit dem Glauben an Gott in Einklang
zu bringen

[2] *anthropomorph:* menschengestaltig, menschenähnlich

## 18  Bernhard Welte
## Ein Experiment zur Frage nach Gott

*»Will ich wissen, wer Gott ist? Es tut mir leid: nein.« Dieser Satz von
Jean Améry kennzeichnet die gegenwärtige Diskussion der Gottesfrage.
Der leidenschaftliche Streit darüber, ob es Gott gibt oder nicht, ist
verstummt. Wer die Frage nach Gott für bedeutungslos hält, kann sich
nicht mehr engagiert über die Existenz Gottes streiten.*
*Ein neues Teilproblem lautet also: Ist es sinnvoll und notwendig, die
Frage nach Gott überhaupt zu stellen? Was fehlt dem Menschen, wenn
er die Frage nach Gott unbeantwortet läßt? Braucht er Gott überhaupt,
um sich selbst zu verstehen und anzunehmen?*
*Vor diesem Hintergrund geht Bernhard Welte die Gottesfrage an. Er will
erhellen, was für den Menschen auf dem Spiel steht, wenn er nach Gott
fragt. Welche Dimensionen der menschlichen Existenz werden durch die
Frage nach Gott betroffen? In dieser Situation aber muß »weltlich«
geredet werden; es müssen Erfahrungen und Einsichten bedacht
werden, die jeder nachvollziehen und überprüfen kann.*

Wie kann heutzutage ein vernünftiger Mensch auf den Gedanken kommen, das, was
herkömmlicherweise ›Gott‹ genannt wird, sei eine Wirklichkeit, am Ende gar die
schlechthin und für alles entscheidende Wirklichkeit? [...]
Ich möchte im Bewußtsein dieser Zeitsituation eine Art Denkexperiment vortragen.
Ein Denkexperiment hat nur dann einen Sinn, wenn man es *macht*. Das heißt: mit
dem, was ich sagen möchte, will ich einladen, das Experiment mitzumachen, d. h.
*mitzudenken*.
Zum Experimentcharakter gehört auch, daß es nicht von vornherein sicher ist, ob es
gelingen und den gewünschten Erfolg haben, d. h. ob es *überzeugen* wird. [...]
Ich schlage vor, wir sollten als erstes die Tatsache ins Auge fassen, *daß wir da sind*
inmitten anderer Menschen, inmitten der Gesellschaft, inmitten unserer Welt.
Dasein auf der Welt, das ist wohl unleugbar und ist wohl auch unabhängig davon, ob
wir unser Dasein als ein säkularisiertes oder wie immer charakterisieren wollen.
Jedenfalls: wir sind da in unserer Welt. Solche Worte haben einen realen Sinn. Es ist
eine elementare, unleugbare Tatsache, die in ihnen zum Ausdruck kommt. [...]
Wir wollen diese Tatsache Numero 1 der Kürze halber einfach ›Dasein‹ nennen.
Soweit scheint die Sache klar zu sein.
Aber nun kommen wir gleich zu einer zweiten Tatsache, die schwieriger wahrzuneh-
men ist und bei der wir länger verweilen müssen. Wir Daseiende und Lebende in
unserer Gesellschaft und in unserer Welt, wir wissen, daß wir einmal nicht da waren
und daß wir einmal nicht mehr dasein werden. Es gibt inmitten unseres lebendigen
Daseins also ein Wissen und also wohl auch eine Erfahrung davon, daß es einstmals
und künftig so etwas wie *Nichtdasein* gab und geben wird.

Auch dies hängt nicht vom säkularen oder auch nichtsäkularen Daseinsverständnis ab. Es ist eine, wie mir scheint, unleugbare Tatsache. Eine Tatsache, die zudem insofern universal ist, als sie auf eines *jeden* Menschen Dasein in der Welt bezogen ist und bezogen werden muß. Es ist niemand unter uns, von dem nicht gesagt werden müßte: er war einmal nicht da und – wichtiger noch – er wird einmal nicht mehr da sein.

Was von allen einzelnen Menschen gilt, gilt gewiß auch von allen überindividuellen menschlichen Gebilden, von Institutionen, von gesellschaftlichen Formen und Kulturen. Niemand und nichts, was menschlich ist, entrinnt dem Nichtdasein. Das Nichtdasein bezieht sich auf alles Dasein und fordert alles Dasein ein. Wir wollen dieses Nichtdasein nun ins Auge fassen.

Wir wollen es der Einfachheit halber ›Nichtdasein‹ oder noch kürzer ›Nichts‹ nennen. Dies sei die Tatsache Numero 2 in unserer Aufzählung der Tatsachen.

Verweilen wir dabei. Wir wissen darum; woher eigentlich? Jedenfalls wissen wir darum, daß wir einmal nicht da waren und einmal nicht dasein werden. Wir wissen vom Nichtdasein, vom Nichts. Wir könnten nicht davon wissen, wenn es uns nicht auf irgendeine Weise zur Gegebenheit oder zur Erfahrung käme. Kommt uns das Nichtsein zur Erfahrung, etwa angesichts des Todes eines Verwandten oder eines Freundes, dann bedeutet dies: Nichtdasein ist zwar zunächst etwas *Negatives,* aber die Tatsache, daß man es *spürt,* oder doch spüren kann, ist etwas *Positives* an dieser Negativität. Es *besagt etwas, es bedeutet etwas,* daß Menschen einmal nicht mehr da sind. Die Negativität hat diese positive Seite. Positiv ragt die dunkle Erfahrung des Nichts in unser Leben hinein. [. . .]

Freilich müssen wir hier auf einige Umstände achtgeben, um dies recht sehen zu können: z. B. ist es für unsere Überlegungen grundlegend zu sehen, daß Nichts im Sinne von erfahrbarem Nicht-dasein ein *zweideutiger* oder ein zweiwertiger Ausdruck oder besser eine zweiwertige Erfahrung ist. Wer es erfährt und also im Sinne der Erfahrung sozusagen *sieht:* ›wir alle werden nicht mehr sein‹, der kann diese Erfahrung doppelt interpretieren, ohne daß der Gehalt der Erfahrung selber über diese doppelte Möglichkeit entschiede. Das Nichts kann entweder so interpretiert werden: *hier ist überhaupt nichts;* dann handelt es sich um nichtiges Nichts. Es kann aber auch so interpretiert werden: hier ist etwas *Verborgenes.* Das sind zwei verschiedene mögliche Interpretamente des erfahrbaren Nichts.

Im Falle des ersten Interpretamentes wird der Interpretierende also sagen: hier ist überhaupt nichts. Im zweiten Falle wird er sagen: hier sehe ich nichts, aber es könnte doch etwas dasein, es ist vielleicht wirklich etwas da. Ein einfaches Modell kann diese ambivalente Situation deutlich zeigen. Wer in ein ganz verfinstertes Zimmer eintritt, der kann sagen: ich sehe nichts. Aber dieser Ausdruck kann etwas Doppeltes bedeuten. Er kann bedeuten: hier ist nichts. Er kann auch bedeuten: hier ist etwas, aber ich sehe es nicht; hier ist etwas verborgen, verhüllt in der Dunkelheit des Raumes. Das bloße Nichtsehen oder sagen wir, das bloße Sehen des Nichts, der Dunkelheit entscheidet darüber nicht, und insofern ist es eine ambivalente, eine auf mehrfache Weise auslegbare Erfahrung. Und sie entscheidet von ihrem eigenen Gehalte her diese Ambivalenz nicht. [. . .]

Vertieft man sich solchermaßen gegen den Strom und Trend in dieses Nichts, das kommt und droht, dann kann man weiteres daran sehen, weitere und erstaunlichere, wenn auch auf gewisse Weise selbstverständliche Dinge. Man kann einiges von den *Dimensionen* des Nichts erkennen. Zum Beispiel: die Dimension der *Endlosigkeit.* Das Nichts hat kein Ende. Was ins Nichtdasein gesunken ist, kehrt niemals wieder. Das Niemals geht niemals zu Ende. Dies ist der Ausdruck der Endlosigkeit des Nichts. Es ist der schweigende Abgrund, in den der Mensch und alles Menschliche immer tiefer fällt und doch nicht weiterfällt.

Das Endlose, an der Vergänglichkeit dieses Daseins gemessen, ist eigentlich *das ohne Maß Größere.* Wir werden viel länger nicht dasein, als wir da sind. Es ist das ohne Maß Größere in seiner endlosen und ungeheuren Weiträumigkeit. Wer dieses ungeheure und ohne Maß Größere spürt, der wundert sich darüber, daß es Menschen so gleichgültig lassen kann. [. . .]

Das Ungeheure und Endlose des Nichts wird erst voll und scharf, wenn wir an seine *Unausweichlichkeit* denken, sie ist seine Intensität. Niemand kann wirklich der Drohung des Nichts entrinnen. Freilich können wir die Augen davor schließen; aber es kommt, und es verschlingt alles Dasein und es behält alles Dasein und dies für immer. So groß und, wie man so sagt, unvergeßlich die großen Männer und die großen Taten des menschlichen Daseins sind, sie werden ebenso wie die kleinen Menschen und die kleinen Taten verschlungen vom Nichts, und keine Macht der Welt kann sie diesem entreißen. Das Nichts ist in seiner Unausweichlichkeit das Einzige, was allem Dasein, aller Macht des Daseins gegenüber wirklich das Übermächtige ist. Lautlos freilich und mühelos. [. . .] Hier ist aller menschlichen Macht eine klare, aber lautlose und gleichsam unpathetische Grenze gesetzt, eine Grenze, die von ganz anderer als technischer Dimension ist. Um ihretwillen darf, wie ich glaube, die Erfahrung des Nichts eine unbedingte Erfahrung genannt werden, und dies in einem durchaus konkreten Sinne.

Von hier aus wenden wir uns nun zurück zu unserem Dasein, aber nun zu einem ganz besonderen und eigentümlichen Moment in unserem Dasein. Wir wollen es das Moment des ›*Sinnpostulates*‹ nennen. Auch dies scheint mir eine unleugbare, wenn auch de facto oft geleugnete Tatsache zu sein, auf die wir nun aufmerksam machen müssen: es sei die Tatsache Numero 3 im Rahmen unserer Überlegungen.

Wir Menschen leben, wenn wir unser Leben genauer betrachten, unter der Voraussetzung, daß unser Leben einen Sinn habe. Die Sinnfrage oder noch genauer gesagt: das Sinn-Postulat ist, wie mir scheint, von unserem Dasein unablösbar [. . .] Die Frage: was hat dies für einen Sinn? oder: wozu ist dies gut? scheint die eigentliche Leitfrage aller Vollzüge unseres Daseins zu sein.

Stellt man sie radikaler, so darf sie lauten: ›Was hat dieses, daß ich da bin, *überhaupt* für einen Sinn, wozu ist es *überhaupt* gut?‹ Oder allgemeiner formuliert: ›Was hat dieses, daß wir – Menschheit, als Gesellschaft und Geschichte – da sind, was hat dies überhaupt für einen Sinn?‹ Diese Frage stellt sich und sie stellt sich eigentlich immer. Wir sind freilich nicht immer darauf aufmerksam. In Wirklichkeit setzt aber der *Vollzug* unseres Daseins immer Sinn voraus, auch dort, wo keine ausdrückliche Reflexion darüber besteht. Und auch dort, wo die ausdrückliche Reflexion den Sinn verleugnet. Es gibt gewiß die Erscheinung, und sie ist bedenkenswert genug, daß ein Mensch dazukommt zu sagen: es habe doch alles keinen Sinn. Daß ein Mensch dazukommt, eine letzte Sinnlosigkeit des Daseins anzunehmen und angesichts ihrer zu leben und zu sterben. Aber dazu muß man bei allem Respekt vor einer solchen Haltung doch bemerken: kein Mensch könnte sich dazu entschließen, wenn er nicht eben darin einen Sinn erkennen würde, es zu sagen und es zu leben: es hat keinen Sinn. Wenn ihm dies nicht als das Redlichere, als das Wahrhaftigere, als das Tapferere vorkäme, also als das Sinnvollere gegenüber allem anderen. Das heißt aber: selbst der Entschluß der Verneinung des Sinnes setzt das Sinnpostulat voraus. [. . .]

So können wir sagen: die gelebte Sinnvoraussetzung ist eine Tatsache, die sich selbst durch ihre Leugnung noch und wieder bestätigt. Und diese wollen wir die 3. Tatsache nennen, die hier und in diesem Rahmen zu erwägen ist.

So haben wir also bis jetzt drei Tatsachen vor uns, und nun wollen wir schließlich versuchen, diese drei Tatsachen miteinander in Verbindung zu bringen, wie sie auch tatsächlich miteinander in Verbindung stehen. Dann entsteht ein merkwürdiges und wie mir scheint entscheidendes Problem:

Nämlich erstens: Wenn alles unausweichlich vom endlosen Nichts verschlungen wird, dann muß gesagt werden: es hat eigentlich alles keinen Sinn. Dies ist freilich eine harte Aussage, aber können wir ihr wirklich entgehen? Gewiß gibt es genug immanente und kurzfristige Sinnträger. Aber wenn alles doch einmal zunichte wird, sind sie eigentlich dann wirklich und im Ernst relevant? Wenn alles einmal und dann endlos nichts sein wird, kann man dann noch den Unterschied zwischen gut und böse ernstlich aufrechterhalten? Wenn alles einmal und dann endlos nichts sein wird, kann dann noch der Unterschied zwischen Gerechtigkeit und Ungerechtigkeit, zwischen Wahrheit und Lüge, zwischen Freiheit und Knechtschaft wirklich aufrechterhalten werden? Wenn alles, das Böse wie das Gute, der Freie wie der Knecht schließlich zum alten Eisen des Nichts geworfen werden, unterschiedslos, und dort liegenbleiben, hat es dann wirklich einen Sinn, sich zu engagieren, für die Wahrheit und Gerechtigkeit eher als für die Lüge und für die Ungerechtigkeit? Das Nichts, als nichtiges Nichts verstanden und ernstlich ins Auge gefaßt, stellt allen Sinn gründlich in Frage. Vor dieser Konsequenz ist, glaube ich, nicht auszuweichen.

Dazu muß aber ein zweites gesagt werden. Es muß gesagt werden: *es hat alles Sinn, denn es kann und darf nicht auf Sinn verzichtet werden.* Dies muß in Form eines *ethischen Postulates* ausgesprochen werden. Aus dem gelebten Sinnpostulat erwächst das *einsichtige ethische Postulat des Sinnes.* Dies wird freilich nur erkennbar, wenn es konkret vorgeführt wird, d. h. wenn konkrete Formen des mitmenschlichen Lebens in Betracht gezogen werden, z. B. die konkrete Liebe zu einem anderen Menschen oder das konkrete Engagement für Gerechtigkeit und für Freiheit von Menschen. Kann und darf in solchen konkreten Situationen gedacht werden: solches habe keinen Sinn?

Oder andere Konkretionen: Wenn wir die unglücklichen Menschen in dieser Welt sehen, die unschuldig Leidenden; wenn wir die Ungerechtigkeit in dieser Welt sehen, darf dann gedacht werden: dies sei gleichgültig, denn es laufe am Ende doch auf dasselbe hinaus, auf *nichts* nämlich? Stellt man die Frage so konkret, und sie muß, wie mir scheint, konkret gestellt werden, dann ist es einsichtig, *daß auf Sinn nicht verzichtet werden darf.* Man darf nicht denken: es sei gleichgültig, gut oder böse zu sein, gerecht oder ungerecht. Man darf nicht denken: das Leiden der Unschuldigen laufe auf dasselbe – nämlich auf nichts – hinaus wie das jener Menschen, die dieses Leiden verursachten.

Das ethische Grundpostulat fordert die Zustimmung zu der *ethischen Grundentscheidung;* es muß am Sinn der Unterschiede von Gut und Böse festgehalten werden. Diese ethische Grundentscheidung ist *einsichtig* wie das Postulat, das sie anfordert und einsichtig notwendig, wenn sie auch freilich nicht zwingend wie empirische Fakten vor Augen geführt werden kann. Es ist die elementare Erfahrung dessen, was man das ›Gewissen des Menschen‹ nennen kann.

Wenn aber dies gilt, dann stehen wir vor folgender Alternative: entweder ist das Nichts ein nichtiges Nichts, dann hat, konsequent gedacht, alles keinen Sinn. Oder alles hat einen Sinn, und dies ist, wie mir scheint, die einsichtige ethische Grundforderung und Grundentscheidung, dann muß das Nichts anders interpretiert werden. Dann erlaubt diese ethische Grundentscheidung, die man mit dem Satz aussprechen kann: es hat alles Sinn, die Zweideutigkeit der Erfahrung des Nichts zu *entscheiden,* die Zweideutigkeit, die von der bloßen Erfahrung des Nichts her nicht entscheidbar ist. Das heißt: dann müssen wir, um die Sinnforderung aufrechtzuerhalten, um der ethischen Grundentscheidung zu genügen, das Nichts entscheiden. Sinnvoll ist Dasein, so müssen wir dann sagen, wenn das Nichts in seiner Unendlichkeit in seiner unentrinnbaren Macht kein leeres Nichts ist, vielmehr Verbergung oder verborgene Anwesenheit der unendlichen und unbedingten und allem sinngebenden und verwahrenden Macht. Verborgene Anwesenheit: lautlos, gestaltlos, dunkel, schreckend vielleicht, aber doch Anwesenheit. Man darf aus einsichtigen, wenn schon nicht zwingenden Gründen annehmen, die Ungeheuerlichkeit und die Unbedingtheit des Nichts seien die Zeichen und die Spuren einer ungeheuren und unbedingten, aber entzogenen und verborgenen Wirklichkeit, die allen Sinn wahrt, die den *Unterschied* aufrechterhält, auch wenn ihn Menschen umzustürzen suchen: zwischen Gerechtigkeit und Ungerechtigkeit, zwischen Gut und Böse, und die den unschuldig Leidenden den Sinn ihres leidenden Daseins aufbewahrt auf eine unausdenkliche Weise.

Dies scheint mir eine Konsequenz zu sein, die aus unleugbaren, wenngleich schwierig zu sehenden Tatsachen und ihrer Verknüpfung hervorgeht.

Dies ist das ernste Experiment, das ich vorführen wollte. Es kommt – um dies zu wiederholen – alles darauf an, daß es *gemacht,* d. h. *mitgedacht* werde. Nur im Selberdenken kann sich entscheiden, ob es zum Ziele führt.

# Die biblische Rede von Gott

*Recht betrachtet könnte die ganze Bibel heißen: »Erzählung von Gott«. Freilich redet die Bibel in vielerlei Art: in Geschichten, in Gleichnissen und Legenden, aber auch in Lehrschriften und Streitgesprächen. Die Vielstimmigkeit liegt teilweise darin begründet, daß die Bibel in einem Zeitraum von weit mehr als 1000 Jahren entstanden ist. Die Menschen, die zu diesem Buch beigetragen haben, bringen dadurch die ganze Breite menschlicher Schicksale ein. Glück und Macht, Verfolgung und Elend, Tod und Unterdrückung, Reichtum und Ansehen – all diese Erfahrungen sind der wechselnde, menschliche Ort der Frage nach Gott. Diese Frage lautet dann: Wie wurden diese menschlichen Erfahrungen aus dem Glauben an Gott gedeutet? – und umgekehrt: Wie drückt sich der Glaube an Gott aus angesichts des menschlichen Lebens?*

*Die Christen haben zur Bibel in mancher Hinsicht ein zwiespältiges Verhältnis. Gewiß betonen alle christlichen Gemeinschaften, die Bibel sei das wichtigste Glaubensdokument. Gleichzeitig aber besteht eine Spannung zwischen dem Glauben und der Theologie einer jeden Zeit und den biblischen Erzählungen. Es ist offenbar nicht leicht, eine Theologie – also ein Glaubenssystem – zu entwickeln, das der Bibel voll entspricht.*

*Woran liegt das? Nun, einmal macht eine bestimmte Zeit (etwa die Gegenwart) nicht alle Erfahrungen, die im langen Zeitraum der biblischen Geschichte gemacht wurden. Daher bleibt ein Teil der biblischen Erzählungen für die jeweilige Gegenwart fremd. Die nächste Generation findet vielleicht wieder einen anderen Zugang, weil sie die Erfahrungen dieser biblischen Traditionen besser verstehen kann. – Ein weiterer Grund für die Inkongruenz zwischen Theologie und Bibel liegt darin, daß die Bibel kein durchgehendes Denksystem entwirft. Sie erzählt meistens Geschichten. Geschichten aber bleiben vieldeutig; sie lassen sich nicht in ein systematisches Denkgebäude einfangen.*

*So ist die Bibel den Christen immer voraus; sie gibt stets neue Anstöße, nach der Wahrheit von Erfahrung und gläubiger Deutung zu suchen.*

## 19 Genesis 12,1–3
## Die Berufung Abrahams

*Abraham, Isaak und Jakob nennt das Volk Israel seine Väter. In den Erzählungen von diesen Stammvätern deutet Israel sich selbst. Es vergewissert sich darin auch erzählend seiner Gottesvorstellung. Zugleich prüft und entwirft es sein nationales Selbstbewußtsein.*

*Die folgende Geschichte ist im 10. Jhdt. v. Chr. entstanden. Israel war gerade eine selbständige Nation geworden. Durch kluge Militärpolitik hatte David Kanaaniter und Nachbarstämme unterworfen. Handwerk und Handel blühten auf; rasch führte die politische Vorherrschaft zum Wohlstand. Davids Sohn Salomo verschärfte noch die Kolonialpolitik gegenüber den Nachbarvölkern und gestaltete die Monarchie zur Feudalherrschaft aus. Zwangsarbeit wurde eingeführt; die israelitischen Stammesgebiete mußten Tribut an den Königshof zahlen ebenso wie die besetzten Länder. In diese konkrete Situation wird die Geschichte von der Berufung Abrahams erzählt.*

*Man kann die Vätersagen aber auch losgelöst von ihrer Entstehungssituation verstehen. Man kann fragen: Welches Verständnis vom Menschen prägt diese Geschichten? Wie deuten sie Leben und Schicksal? Was bedeutet »Gott« nach diesen Erzählungen für die Annahme und die Gestaltung des Lebens?*

Und Jahwe sprach zu Abraham:
Geh fort aus deiner Heimat
und aus deiner Sippe
und aus deinem Vaterhaus
in ein Land,
das ich dir zeigen will.
Und ich will dich zu einem großen Volk
machen,
dich segnen und deinen Namen groß
machen.

Du sollst ein Segen sein.
Segnen will ich, die dich segnen.

Und wer dir flucht,
den will ich verfluchen.
Und in dir sollen gesegnet werden alle
Geschlechter der Erde.

Gott sprach zu Abraham:
Zieh fort aus deinem Land,
aus deiner Verwandtschaft,
aus deiner Familie.
Zieh in das Land,
das ich dir zeigen werde!
Ich werde dich zu einem großen Volk
machen.
Glücklich und reich werde ich dich
machen. Und angesehen wird dein
Name durch mich.
Du sollst Glück bringen. Glücklich und
reich sollen die werden, die gut zu dir
sind.
Und zugrunde gehen soll, wer dir Böses
wünscht.
Durch dich sollen glücklich werden alle
Völker der Erde.

---

## 20 Genesis 32,23–32
## Jakobs Ringen in der Nacht

*Eine der dunkelsten Geschichten im Alten Testament erzählt von einem Ringkampf mit Gott. Sie trägt noch deutlich Züge einer vorisraelitischen Überlieferung: Ein Flußgeist, so ist wohl erzählt worden, fällt in der Nacht Menschen an. Beim Morgengrauen aber muß der Geist zurück in den Strom, weil das Licht der Sonne ihn sonst tötet. In der so begrenzten Zeit liegt die einzige Chance des Menschen: Nur wenn er das Ringen bis zum Morgen aushält, kann er den ungleichen Kampf überleben. Die israelitischen Bearbeiter haben das Erzählgut übernommen und in eine Geschichte umgeformt, die vom Schicksal des Menschen spricht und von der Art, wie Gott ihm begegnet.*

In derselben Nacht stand Jakob auf, nahm seine beiden Frauen, seine beiden Mägde und seine elf Kinder und fuhr über die Furt des Jabbok. Er nahm sie, führte sie über den Fluß und fuhr über, was sein war. Jakob blieb allein zurück. Da rang ein Mensch mit ihm, bis die Morgenröte aufzog. Und jener sah, daß er ihn nicht überwand. Da berührte er Jakobs Hüftgelenk, und es verrenkte sich Jakobs Hüftgelenk, als jener mit ihm rang. Da sprach er: Laß mich los; denn die Morgenröte ist aufgezogen. Er aber sprach: Ich lasse dich nicht los, bis du mich gesegnet hast. Da sprach er zu ihm: Wie ist dein Name? Jakob, sagte er.
Da sprach er: Nicht Jakob soll künftig dein Name heißen, sondern Israel; denn du hast mit Gott und Menschen gekämpft und hast sie überwunden. Da fragte Jakob und sprach: Teil mir doch deinen Namen mit! Er aber sprach: Warum fragst du denn nach meinem Namen? Und er segnete ihn dort. Jakob nannte den Namen des Ortes Penuel; denn ich habe Gott gesehen von Angesicht zu Angesicht und mein Leben ist gerettet. Die Sonne war ihm aufgegangen, als er an Penuel vorüberging. Er aber hinkte an seiner Hüfte.

*Was ein Prophet ist, läßt sich kaum definieren. Der Begriff faßt Personen unterschiedlicher Prägung zusammen. Als Reformer und Gesellschaftskritiker treten sie auf; einige sammeln Schüler um sich und begründen eine Lehrtradition. Eines aber ist ihnen gemeinsam: Sie wissen sich von Gott in Dienst genommen.*

*Jakobs Kampf mit dem Engel.
Radierung von Max Beckmann, 1920*

*Dieses Selbstverständnis formulieren die Berufungserzählungen. Sie veranschaulichen erzählend, woraus Kraft und Dynamik eines prophetischen Lebens erwachsen. Sie wollen erklären, woher die Betroffenheit eines Menschen rührt, der unter dem Zwang steht, für Recht und Wahrheit einzutreten. Im Laufe der biblischen Literaturgeschichte haben sich dabei feste Formen entwickelt, in denen die Berufung erzählt wurde.*

## 21 Jeremia 1,4–10.11–19
## Seine Berufung. Zwei Visionen

*Der Prophet Jeremia wird um 650 v. Chr. geboren. Er lebt in einer wechselvollen Zeit: Das assyrische Reich zerfällt; nach kurzer Freiheit gerät Judäa abwechselnd unter ägyptische und babylonische Oberhoheit. Eine unkluge Schaukelpolitik der judäischen Könige führt dazu, daß die Babylonier mindestens dreimal in das Land einfallen. 597 und 587 werden Bewohner des Landes ins Kerngebiet des babylonischen Reiches deportiert (»Babylonische Gefangenschaft«). Vor diesem Hintergrund tritt Jeremia auf.*
*Seine Reden klingen nicht angenehm. Israel – so sagt er – hat den Glauben verraten; Ungerechtigkeit und Streit zeigen die Abwendung von Gott. Der Einfall der Feinde erscheint daher als Gericht Gottes, als Folge einer gewissenlosen Politik und der Mißachtung des Rechts.*

[4]Das Wort des Herrn erging an mich: [5]Noch ehe ich dich im Mutterleib formte, habe ich dich ausersehen, noch ehe du aus dem Mutterschoß hervorkamst, habe ich dich geheiligt, zum Propheten für die Völker habe ich dich bestimmt. [6]Da sagte ich: Ach, mein Gott und Herr, ich kann doch nicht reden, ich bin noch zu jung. [7]Aber der Herr erwiderte mir: Sag nicht: Ich bin noch zu jung! Wohin ich dich sende, sollst du gehen, und was ich dir auftrage, sollst du verkünden. [8]Fürchte dich nicht vor ihnen; denn ich bin mit dir und werde dich retten – Wort des Herrn. [9]Dann streckte der Herr seine Hand aus, berührte meinen Mund und sprach zu mir: Hiermit lege ich meine Worte in deinen Mund. [10]Sieh her! Am heutigen Tag setze ich dich über Völker und Reiche; du sollst ausreißen und niederreißen, vernichten und verheeren, aufbauen und einpflanzen.

[11]Das Wort des Herrn erging an mich: Was siehst du, Jeremia? Ich antwortete: Einen Mandelzweig[1] sehe ich. [12]Da sprach der Herr zu mir: Du hast richtig gesehen; denn ich wache über mein Wort und führe es aus. [13]Abermals erging an mich das Wort des Herrn: Was siehst du? Ich antwortete: Einen dampfenden Kessel sehe ich; sein Rand neigt sich von Nord her. [14]Da sprach der Herr zu mir: Von Norden her ergießt sich das Unheil über alle Bewohner des Landes. [15]Ja, ich rufe alle Stämme der Nordreiche – Wort des Herrn –, daß sie kommen und ihren Richterstuhl an den Toreingängen Jerusalems aufstellen, gegen all seine Mauern ringsum und gegen alle Städte von Juda. [16]Dann werde ich mein Urteil über sie sprechen und sie strafen für alles Böse, das sie getan haben, weil sie mich verlassen, anderen Göttern geopfert und das Werk ihrer eigenen Hände angebetet haben. [17]Du aber gürte dich, tritt vor sie hin und verkünde ihnen alles, was ich dir auftrage! Erschrick nicht vor ihnen, sonst setze ich dich vor ihren Augen in Schrecken! [18]Ich selbst mache dich heute zur befestigten Stadt, zur eisernen Säule und ehernen Mauer gegen das ganze Land, gegen die Könige, Beamten und Priester von Juda und gegen das Volk auf dem Land. [19]Mögen sie dich bekämpfen, sie werden dich nicht bezwingen; denn ich bin mit dir, um dich zu retten – Wort des Herrn.

[1] *Mandelzweig:* im Hebräischen ergibt sich ein Wortspiel mit Vers 12, wörtlich heißt Mandelzweig »Wache-Baum«

## 22 Amos 5,7.10–12.21–24

*Wird der Mensch besser, wenn er im Wohlstand lebt? – Der Prophet Amos, der im 8. Jhdt. v. Chr. lebte, war vom Gegenteil überzeugt. Das Nordreich Israel erlebte einen politischen und wirtschaftlichen Aufschwung. Amos aber sah, wie der Luxus aus Ungerechtigkeit erwuchs. Die Gottesdienste wurden zur Selbstdarstellung einer reichen Gesellschaft, in der äußerlich alles zum Besten stand.*

### 22/1

Wehe denen, die Recht in Wermut verwandeln und Gerechtigkeit mit Füßen treten.
Sie hassen den, der im Tor Recht spricht,
und empfinden Ekel vor dem, der die Wahrheit sagt.
Weil ihr die Armen niedertretet und Pachtzins von ihnen erpreßt,
könnt ihr euch Häuser bauen aus behauenen Steinen.
Aber ihr sollt nicht wohnen darin!
Prächtige Weinberge habt ihr gepflanzt;
aber den Wein sollt ihr nicht trinken!
Denn ich kenne den Umfang eurer Schuld und das Ausmaß eurer Verbrechen.
Die Unschuldigen bringt ihr ins Unglück.
Bestechen laßt ihr euch.
Und im Tor beugt ihr den Armen das Recht.

### 22/2

Ich hasse eure Feste und verachte sie,
eure Festversammlungen kann ich nicht riechen!
An euren Opfergaben habe ich keinen Gefallen,
und eure Mastkälber will ich nicht sehen!
Geht mir fort mit dem Geplärr eurer Lieder,
euer Harfenspiel will ich nicht mehr hören!
Aber das Recht soll strömen wie Wasser,
und die Gerechtigkeit wie ein Bach, der niemals austrocknet.

*Beim Lesen der ältesten Teile der Evangelien fällt auf, daß Jesus, der »Stifter der christlichen Religion«, unmittelbar wenig über Gott geredet hat. Auch hat er keine systematische Gotteslehre entwickelt. Für Jesus durchdringen sich Gott und Welt. Gott wird sichtbar im Leben; er eröffnet und begründet eine neue Art, das Leben zu verstehen und zu gestalten. Gottes Nähe bestimmt die Bedingung des Menschseins und verändert damit Lebensmöglichkeiten. Wenn man es so versteht, kann man sagen, daß Jesus weltlich von Gott redet.*

## 23 Mattäus 25,14–30
## Gleichnis von den Talenten

Denn es ist wie mit einem Mann, der verreisen wollte. Er rief seine Knechte und übergab ihnen sein Vermögen. Dem einen gab er fünf Talente, dem anderen zwei, dem dritten ein einziges; jedem nach seiner Fähigkeit. Nun reiste er ab. Der Knecht, der fünf Talente erhalten hatte, arbeitete mit ihnen und gewann fünf weitere dazu. Ebenso verdiente auch der, der die zwei erhalten hatte, weitere zwei hinzu. Der aber, der das eine erhalten hatte, grub ein Loch in die Erde und verbarg das Geld seines Herrn.

Nach langer Zeit kam der Herr der Knechte zurück und er rechnete mit ihnen ab. Da trat der hervor, der fünf Talente erhalten hatte; er brachte fünf weitere Talente und sprach: Herr, fünf Talente hast du mir gegeben. Sieh, fünf weitere Talente habe ich dazu verdient. – Da sprach sein Herr zu ihm: Recht hast du getan, du guter und zuverlässiger Knecht. Du hast weniges treu verwaltet, ich aber will dich über vieles setzen. Nimm teil an dem Fest, das ich feiere!

Auch der mit den zwei Talenten trat zu seinem Herrn und sagte: Herr, zwei Talente hast du mir gegeben. Sieh, ich habe zwei weitere dazu verdient. – Da sagte der Herr zu ihm: Recht hast du getan, du guter und zuverlässiger Knecht. Du hast weniges gut verwaltet, ich aber will dich über vieles setzen. Nimm teil an dem Fest, das ich feiere!

Da kam auch der, der das eine Talent erhalten hatte und sprach: Herr, ich habe gewußt, daß du ein harter Mann bist. Du erntest, wo du nicht gesät hast und du sammelst, wo du nicht ausgestreut hast. Und so fürchtete ich mich; ich habe dein Talent in der Erde verborgen. Hier hast du, was dir gehört. Sein Herr aber antwortete ihm: Du schlechter und fauler Knecht. Du wußtest, daß ich ernte, wo ich nicht gesät habe, und daß ich sammle, wo ich nicht ausgestreut habe? Warum hast du dann nicht das Geld auf der Bank angelegt, und ich könnte jetzt meinen Besitz mit Zinsen zurückerhalten. Nehmt ihm also das Talent ab und gebt es dem, der die zehn Talente hat. Und den unnützen Knecht werft hinaus in die Finsternis.

#  Mattäus 20,1–15
# Gleichnis von den Arbeitern im Weinberg

Mit der Herrschaft des Himmels geht es zu wie mit einem Gutsbesitzer. Früh am Morgen ging er hinaus, um Arbeiter einzustellen für seinen Weinberg. Er einigte sich mit ihnen auf den Tageslohn von einem Denar und schickte sie in seinen Weinberg. Auch um die dritte Stunde ging er hinaus, und er sah andere untätig auf dem Markt herumstehen. Zu ihnen sagte er: Arbeitet auch ihr in meinem Weinberg; und was gerecht ist, will ich euch dafür bezahlen. Und sie gingen dorthin. Erneut ging er um die sechste und neunte Stunde hinaus und tat dasselbe. Um die elfte Stunde ging er wiederum hinaus und er fand andere, die auf dem Markt herumstanden; zu jenen sagte er: Warum steht ihr den ganzen Tag untätig hier herum? Sie antworteten: keiner hat uns angeworben. Zu ihnen sagte er: Arbeitet auch ihr in meinem Weinberg!

Als es Abend geworden war, sagte der Besitzer des Weinberges zu seinem Verwalter: Rufe die Arbeiter zusammen und zahle den Lohn aus. Fang aber bei den letzten an und höre auf mit den ersten! Da kamen die Arbeiter, die seit der elften Stunde im Weinberg waren, und sie erhielten einen Denar. Als die ersten an der Reihe waren, rechneten sie mit einem höheren Lohn; aber auch sie erhielten einen Denar.

Doch als sie ihn erhielten, beschwerten sie sich über den Gutsbesitzer und sagten: Diese letzten haben nur eine Stunde gearbeitet und du hast sie uns gleichgestellt! Wir aber haben die Last des Tages getragen und die Hitze!

Da erwiderte er: Mein Lieber, ich füge dir kein Unrecht zu. Hast du nicht einen Denar mit mir vereinbart? Nimm, was dir zusteht und geh! Ich habe mir vorgenommen, diesen Letzten dasselbe zu zahlen wie dir. Oder ist es mir verboten, mit meinem Besitz zu machen, was ich will? Oder bist du neidisch, weil ich gut bin?

## Genesis 1,26–27 / Kolosser 1,15
## Der Mensch – Gottes Ebenbild

*Immer wieder versuchen sich Theologen an der Deutung einer Aussage, die so einfach scheint: Der Mensch – heißt es – sei Gott ebenbildlich. Einen ersten Verstehenshinweis gibt die Kulturgeschichte des Alten Orients. Der König ließ sein Bild aufstellen als Zeichen seiner herrscherlichen Macht und Gegenwart. Das Bild repräsentierte den König.*
*Dennoch bleibt die Aussage schwebend. In welcher Hinsicht – so ist zu fragen – wird der Mensch als Bild Gottes verstanden? Und welche Vorstellung von Gott schließt der Satz ein?*

Dann sprach Gott: Laßt uns Menschen machen als unser Abbild nach unserer Gestalt. Sie sollen herrschen über die Fische des Meeres, über die Vögel des Himmels, über die ganze Erde und über alle Kriechtiere auf dem Land. Gott schuf also den Menschen als sein Abbild; als Abbild Gottes schuf er ihn. Als Mann und Weib schuf er sie.

Christus ist das Ebenbild des unsichtbaren Gottes, der Erstgeborene der ganzen Schöpfung.

*Der Gekreuzigte.*
*Bockhorst, um 1200*

## Markus 15,33–39
## Jesus stirbt am Kreuz

Als die sechste Stunde kam, brach über das ganze Land eine Finsternis herein, die bis zur neunten Stunde dauerte. Und in der neunten Stunde rief Jesus laut: Eloï, Eloï, lama sabachtani? Das heißt übersetzt: Mein Gott, mein Gott, warum hast du mich verlassen? Einige von denen, die dabeistanden und es hörten, sagten: Hört, er ruft den Elija. Einer lief herbei und füllte einen Schwamm mit Essig; er steckte ihn auf einen Stock und gab Jesus zu trinken. Dabei sagte er: Wir wollen sehen, ob Elija kommt und ihn herabnimmt. Jesus aber stieß einen lauten Schrei aus und starb. Da riß der Vorhang im Tempel von oben bis unten entzwei. Als der Hauptmann, der Jesus gegenüberstand, ihn auf diese Weise sterben sah, rief er aus: Wahrhaftig, dieser Mensch war Gottes Sohn!

## Josef Blank
## Der historische Jesus und die Gottesfrage

*Die Frage, wie das Verhältnis zwischen Jesus und Gott zu verstehen ist, durchzieht die Geschichte des Christentums. Sie kann wohl nicht endgültig beantwortet werden; doch jede Zeit muß sich neu mit diesem Problem auseinandersetzen.*
*Durch viele Jahrhunderte hatten Christen keine Mühe, an die Gottheit Christi zu glauben. Kernpunkt großer theologischer Auseinandersetzungen war aber die »menschliche Natur« Christi. Man hatte Schwierigkeiten zu erklären, daß »Gott leiden mußte«, daß er Hunger und Durst hatte wie alle. – Heute hingegen liegt das Problem auf einer anderen Ebene: Daß Jesus voll und ganz Mensch war, ist unbestritten. Inwiefern aber enthüllt dieser Mensch Jesus die äußerste Nähe Gottes?*

Was hat Jesus von Nazareth mit der Gottesfrage zu tun? Muß man an Jesus glauben, als Messias und Gottessohn, wenn man im Sinne der Bibel an Gott glauben will? Gehören der Glaube an Jesus Christus und der Glaube an Gott so eng zusammen, daß der Christusglaube Gottesglaube ist und der Gottesglaube den Christusglauben fordert, ihn nahelegt und in diesem erst zu seiner Vollständigkeit kommt? Was hat Jesus mit Gott zu tun? [...]

(Es) dürfte es kaum zweifelhaft sein, daß Jesus von der *Basileía toû theoû*, der Königsherrschaft Gottes oder dem Reich Gottes, gesprochen hat. Jesus hat diesen Begriff der Gottesherrschaft nicht selber geprägt, sondern seiner Umwelt entnommen, und zwar im eschatologischen Sinn: Die Gottesherrschaft oder das Reich Gottes ist der endzeitliche Heilszustand, der kommende Äon[1], auf den Welt und Geschichte zueilen und den Gott selbst am Ende der Tage in Gestalt eines neuen Himmels und einer neuen Erde heraufführen wird. Das Kommen des Reiches Gottes ist Gottes Sache allein, seinem Handeln vorbehalten: Der Mensch kann nichts dazutun, er kann durch keine Leistung das Kommen des Reiches beschleunigen oder gar herbeizwingen. Was ihm allein zukommt, ist das Gebet um das Kommen des Reiches, wie es das Vaterunser lehrt. Jesus gebraucht den Begriff der Gottesherrschaft ganz in diesem vorgeprägten eschatologischen Sinn, und trotzdem unterscheidet sich die Art, wie Jesus von der Gottesherrschaft spricht, grundlegend von der jüdischen Eschatologie.

Denn Jesus sagt die Nähe der Gottesherrschaft an: »Die Königsherrschaft Gottes hat sich genaht!« Was heißt das? Nach der jüdischen Endzeiterwartung ist die Heilzeit, das Reich Gottes, streng zukünftig gedacht. Zuerst muß dieser gegenwärtige, vom Unheil beherrschte Äon an sein Ende gelangen; es kommt eine scharfe Zäsur, meist bestimmt durch das Endgericht, und dann beginnt die Heilzeit. Die Nähe des Reiches, wie Jesus sie ansagt, bricht mit diesem Schema. Man hat diese Nähe nicht bloß als zeitliche Naherwartung, sondern primär als sachliche Nähe zu verstehen. Das heißt, Jesus interpretiert das zukünftige Heil so, daß es von der Zukunft her schon jetzt, bereits in diesem Äon, den Menschen angeht. Jesus macht in einer letzten radikalen Weise mit der Zukunftserwartung, daß Gott das Heil seines Volkes und der Geschichte will, ernst und mutet daraufhin dem Menschen zu, schon in diesem Äon aus der Wirklichkeit des göttlichen Heilswillens heraus zu leben. Hier scheint mir das entscheidend Neue, das Revolutionäre, wenn man so will, der Botschaft Jesu zu liegen. Dem Menschen, der in einer vom Unheil gezeichneten Welt lebt, der Erfahrung mannigfachen Unheils in Schuld und allerlei Übel ausgesetzt, wird von Jesus zugemutet, aus der göttlichen Heilsgewißheit und Heilszuversicht heraus zu leben, gegen den Augenschein der bestehenden Verhältnisse. [...]

Der göttliche Heilswille ist bereits in der Gegenwart dieses Äons am Werk und erweist sich als die rettende Macht denen, die sich auf den Boden der Heilsbotschaft stellen. Das ist der beherrschende Grundcharakter der Reichsbotschaft Jesu, und darin ist sie als solche schon das, als was man sie später bezeichnete, Euangélion, Heils- und Freudenbotschaft. Ihrer unbedingten Heilszusage entspricht die radikale Offenheit auf seiten des Menschen. Deshalb gilt: »Heil euch, ihr Armen, denn euer ist die Königsherrschaft Gottes« (Lk 6,20; vgl. Mt 5,3).

Die neue Heilsbotschaft von der Nähe des Reiches Gottes inmitten dieser Weltzeit schließt eine neue Gottesbotschaft ein. Gott wird von Jesus von seinem umfassenden Heilswillen her verstanden; dieses Verständnis bekundet sich in dem neuen Klang, den Jesus der Gottesbezeichnung »Vater« gab. [...]

Jesus hat aus diesem für ihn fundamentalen Gottesverhältnis heraus gelebt; das unbedingte Vertrauen zur konkreten, ganz nahen Liebe des Vaters ist der Quell seines Redens und Handelns. Insofern besteht zwischen der Nähe des Reiches Gottes und der Nähe Gottes als Vater eine Parallelität. Es sind hauptsächlich Gebetstexte, wie das Gebet Jesu in Gethsemani (Mk 14,36 par) oder der Jubelruf

(Mt 11,25 f; vgl. Lk 10,21 f), in denen sich das Gottesverhältnis Jesu spiegelt. Vertrauensvoller Gehorsam und Dank sind nach diesen Texten bestimmend. Der Dialog mit Gott war das tragende Grundelement des Daseins Jesu. Für Jesus selbst ist das Gottesverhältnis in einer ungebrochenen, ungetrübten Form konstitutiv, so daß ohne diese Voraussetzung Jesus nicht zu verstehen ist. Daß »Sohn Gottes« in ausgezeichneter Weise zum Jesus-Prädikat schlechthin wurde, und zwar mit vollem Recht, hat darin seinen Grund.

Viel zahlreicher sind indes die Stellen, an denen Jesus die Jünger über »euren Vater« bzw. »euren himmlischen Vater« belehrt, die indirekt für Jesus einiges erschließen lassen, nun aber doch hauptsächlich dadurch gekennzeichnet sind, daß Jesus die Jünger in sein Gottesverhältnis einbeziehen will. Das Vaterunser bezeugt dies am besten. Als Grundzüge dieses Gottesverhältnisses wären zu nennen: grenzenlose Liebe, auch zum Feind; vollkommene Nachahmung Gottes, wobei man an den Heils- und Liebeswillen Gottes zu denken hat; die Verborgenheit des Gottesverhältnisses; Sorglosigkeit im Vertrauen auf den himmlischen Vater; restloses Gottvertrauen im Gebet; die Erfüllung des Willens des Vaters; Vertrauen in die göttliche Vorsehung auch bei Verfolgung und Leiden. Die Botschaft Jesu vom himmlischen Vater stellt das Gottesverhältnis radikal unter die Vorzeichen von Vertrauen, Hingabe und Liebe; es zeichnet sich aus durch jede Abwesenheit von Angst und Schrecken vor Gott. Um Romantik oder Sentimentalität kann es sich nicht handeln; denn es hat sich gegenüber Leiden, Tod, Ungerechtigkeit usw. zu bewähren. Das heißt, das Vertrauensverhältnis zu Gott als Vater muß sich im Umgang mit der gesamten Wirklichkeit des menschlichen Daseins realisieren. Von der Welt her ist das Gottesverhältnis dem gleichen Widerspruch ausgesetzt, derselben Anfechtung wie die Reichsbotschaft Jesu und der Glaube an sie. Trotzdem soll der Mensch darauf eingehen und aus der Gewißheit der Liebe Gottes leben. Jesus selbst hat für seine Person ganz damit Ernst gemacht; er hat als »Sohn Gottes« gelebt, bis zum bitteren Ende des Kreuzes: »Abba, Vater, dir ist alles möglich; nimm diesen Kelch von mir; doch nicht was ich will, sondern was du willst« (Mk 14,36) heißt es im Gebet im Garten Gethsemani. Die Tatsache, daß Jesus am Kreuzesgalgen geendet hat, beruht keineswegs auf blindem Zufall, sondern liegt in der Fluchtlinie seiner Heilsbotschaft und seiner Gottesbotschaft. [...]

Die Verkündigung und das zeichensetzende Handeln Jesu, das ergibt sich aus all dem, haben als notwendige Voraussetzung ein ganz eigentümliches Wissen dieses Menschen Jesus um Gott, um seinen Heilswillen gegenüber Mensch und Schöpfung, ein ursprüngliches und alles tragendes Gottverhältnis, das diesen Jesus von Nazareth zu einem besonderen, einzigartigen Zeugen Gottes macht. Er ist der Mensch, bei dem sich die Frage nach Gott mit einer letzten Unausweichlichkeit stellt. Der Vergleich mit der zeitgenössischen religiösen Umwelt zeigt, daß Jesus seine jüdischen Voraussetzungen überragt, daß er nicht darin aufgeht, sondern unableitbar ist. Das Unableitbare liegt vor allem in der Radikalität, mit der Jesus den unbedingten Heilswillen Gottes verkündet, Gottes bedingungslose Zuwendung zur Welt und zum Menschen. Mit großzügiger Geste beseitigt er die Schranken, die Gott vom Menschen fernhalten; er vereinfacht die Bedingungen der Frömmigkeit, wenn er die Gebote auf wenige Grundgehalte reduziert und im Liebesgebot zusammenfaßt. Und für diese Gotteswirklichkeit steht er ein mit seiner ganzen Person; das bringt ihn in Konflikt mit den herrschenden Gruppen und zuletzt ans Kreuz. Nicht, daß Jesus sich einfach mit Gott identifizieren[2] würde, das geschieht gerade nicht. Dem reichen jungen Mann, der an ihn herantritt mit der Frage: »Guter Meister, was soll ich tun, um das ewige Leben zu erben?« antwortet Jesus: »Was nennst du mich gut? Keiner ist gut außer Gott« (Mk 10,17 f). Er ist und bleibt der Mensch, der auf Gott verweist. Aber das Zeichen und Zeugnis Gottes bleibt an seine Person, an ihn selbst gebunden. Er selbst ist dieses Zeichen Gottes in der Geschichte, und zwar des Gottes, der seine Herrschaft heraufführen, das Unheil beseitigen und die Mächte des Bösen überwinden will. Die Sache Gottes, so ließe sich formulieren, ist wirklich ganz und gar Jesu eigene Sache, die mit ihm steht und fällt; und Jesu Sache kann gar nicht anders verstanden werden denn als die Sache Gottes, um die ausschließlich und allein es ihm zu tun ist. Er hat daneben keine Privatsache, die er auch noch betreiben würde. Was das Neue Testament über Jesus für berichtenswert hält, hat immer mit dieser Sache zu tun. Alles andere ist nebensächlich, wie etwa das, was Jesus vor seinem öffentlichen Auftreten tat. Den Jüngern und der überliefernden Gemeinde hat Jesus sich als der eingeprägt, dem die Sache Gottes die alles beherrschende Größe war, so daß von ihm sprechen auch sofort hieß von Gott und Gottes Handeln, vom Reich Gottes sprechen. Wenn allgemein die geschichtliche Bedeutung eines Menschen darin liegt, für welche Sache er seine Zeit und seine Person zum Einsatz brachte, dann liegt die geschichtliche Bedeutung Jesu eben genau darin, daß es für ihn keine andere Sache gab als die Sache Gottes in der Welt. Wer sich darüber informieren will, der muß sich an Jesus wenden.

Das geht freilich so weit, daß Jesus mit einer verblüffenden Selbstverständlichkeit einem bedeutet, daß an der Einstellung zu ihm die Einstellung zu Gott sich präzisiert und entscheidet. Die unbedingte Entschiedenheit, in welcher Jesus Gottes Wirken in seinem eigenen Tun vergegenwärtigt, fordert solche Entscheidung heraus. Es gehört zum neutestamentlichen Bild Jesu, daß man Jesus gegenüber nicht neutral bleiben kann, sondern Stellung beziehen muß.

Jesus hat am Kreuz geendet; das war, wie gesagt, kein Zufall. Die Heilsbotschaft Gottes war eine Kampfansage an eine in sich verhärtete und verschlossene Welt; daß diese religiöses Gepräge trug als traditionell-orthodoxe[3] Institution, gibt zu denken. Jesus ging es darum, die Menschen für Gott frei zu machen, doch gerade diese mit dem Heil verbundene Freiheit forderte das Opfer seines Lebens. Der Osterglaube besagt, daß Gott das Opfer seines Knechtes in den eschatologischen[4] Sieg verwandelte, mit Mythologie[5] hat dies nichts zu tun. Vielmehr, von Ostern her werden Person und Werk Jesu als das rettende, unbedingte und für alle Zeit feststehende Ja Gottes zum Menschen erkennbar. Der christliche Osterglaube bezeugt Gott wirklich als den Gott, den Jesus verkündet hat; als den Gott, der allem Widerspruch und allem Unheil zum Trotz das Unheil überwindet und das Heil schafft. Das ist die Wahrheit, deren Zeuge Jesus Christus ist.

Was hat Jesus von Nazareth mit der Gottesfrage zu tun? Man könnte darauf antworten, mit der Gottes*frage* an sich gar nichts. Denn für ihn gab es keine Gottesfrage; ihm war Gott kein »Problem«. Mit der Wirklichkeit Gottes dagegen hat Jesus sehr viel, alles zu tun. Ihm ging es darum, die Wirklichkeit Gottes als die Heilsmacht des Menschen zu bezeugen, als die Realität, aus der heraus und auf die hin der Mensch in einer vom Unheil gezeichneten Welt in Glauben, Hoffnung und Liebe leben kann. Man kann über Gott in sehr verschiedener Weise reden, philosophisch, theologisch, fromm oder skeptisch, problematisierend und tiefsinnig. Jesus hat keine neue Theologie gebracht, sondern er machte mit dem, worüber die Theologen reden, Ernst. Er legte Gott durch sich selber, durch sein Wort und seine Taten aus; deshalb ist seine Sprache menschlich, welthaft und Gotteswort in einem. Er bezeichnet durch sich den Ort, an dem man Gott in der Geschichte finden kann, wo man ihm begegnen kann. Das kann ganz einfach geschehen, wie im Gleichnis vom barmherzigen Samariter, der an der Straße nach Jericho den Menschen findet, der seine Hilfe braucht. Man kann in diesem Gleichnis alles finden, was Jesus über Gott hat sagen wollen. Ob man mit diesem Gott etwas anfangen kann, muß jeder selbst erproben. Denn nicht, was ich über Gott weiß, ist letztlich entscheidend, sondern ob Gott mir zur Wirklichkeit wird. Wo dies geschieht, ist das Reich Gottes, das Jesus verkündigte, nahe.

---

[1] *Äon:* Zeitalter
[2] *identifizieren:* gleichsetzen
[3] *orthodox:* rechtgläubig; gemäß der richtigen überlieferten Lehre

[4] *eschatologisch:* endzeitlich; in der Bedeutung von vollendeter Geschichte
[5] *Mythologie:* (hier abwertend) nur mythisch-religiöse Rede, die keine geschichtliche Bedeutung hat

# Theologische Entwürfe

*Durch die Kritik L. Feuerbachs (vgl. Text 13) werden Theologie und christlicher Glaube grundsätzlich in Frage gestellt. Feuerbach sah seine Aufgabe darin, seine Zuhörer »aus Gottesfreunden zu Menschenfreunden, aus Gläubigen zu Denkern, aus Betern zu Arbeitern, aus Kandidaten des Jenseits zu Studenten des Diesseits zu machen« (Das Wesen der Religion [1845] 170). Die Theologie verdächtigte er, nur Selbstauslegung des Menschen zu betreiben.*

*Karl Marx und Sigmund Freud variieren später seine These. Für Marx dient Religion dazu, den Menschen hinwegzutrösten über die elenden gesellschaftlichen Verhältnisse; nach Freud projiziert der Mensch seine unbewußten Konflikte in einen Götterhimmel oder auf einen Gott.*

*Man hat die Feuerbach'sche Religionskritik »die Achillesferse« der Theologie genannt. Feuerbach drängt die Theologie in die Alternative: Soll sie die Existenz Gottes widerrufen und Theologie in Anthropologie umwandeln? Oder kann sie seine These annehmen und umkehren: Theologie ist Anthropologie, aber theologisches Reden von Gott kritisiert und überschreitet immer schon innerweltliche Lebensentwürfe?*

## 28 | Karl Barth
## Der ferne und der nahe Gott

*Der evangelische Theologe Barth stimmt Feuerbachs These zunächst zu: Die Theologie des 19. und beginnenden 20. Jahrhunderts sei tatsächlich weitgehend Anthropologie, also Rede vom Menschen. Hatte die Theologie nicht in so menschlichen Erscheinungen wie dem Gefühl (Romantik) oder dem nationalen Erwachen Deutschlands (1. Weltkrieg) Gott gesucht und gefunden? Doch Barth stellt dem gegenüber: Gott ist der ganz Andere! Gott und Mensch sind nicht-vergleichbare Größen. »Ohne sich um Feuerbach zu kümmern« und ohne Gottes Souveränität objektiv abzuleiten und zu begründen, setzt er sie als Glaubenssatz entgegen. Dabei kann er auf Anselms ontologischen Gottesbeweis (vgl. Text 10) zurückgreifen; dort scheint ihm der Vorrang des Glaubens an Gott vor allen menschlichen Denkbemühungen begründet.*

*Dieser dialektische Ansatz bleibt indessen nicht unproblematisch: Überwindet er Feuerbach wirklich oder überspringt er ihn nur, weicht ihm vielleicht nur aus? Weshalb ist jede theoretische Begründung der Rede von Gott verboten? Warum muß man ausschließlich bei der biblischen Offenbarung ansetzen, wenn man von Gott reden will?*

### 28/1

Gott, die reine Grenze und der reine Anfang alles dessen, was wir sind, haben und tun, in unendlichem qualitativem Unterschied dem Menschen und allem Menschlichen gegenüberstehend, nie und nimmer identisch mit dem, was wir Gott nennen, als Gott erleben, ahnen und anbeten, das unbedingte Halt! gegenüber aller menschlichen Unruhe und das unbedingte Vorwärts! gegenüber aller menschlichen Ruhe, das Ja in unserm Nein und das Nein in unserm Ja, der Erste und der Letzte und als solcher der Unbekannte, nie und nimmer aber eine Größe unter andern in der uns bekannten Mitte, Gott der Herr, der Schöpfer und Erlöser – das ist *der lebendige Gott!* Und das ist das Evangelium, die Heilsbotschaft von Jesus Christus: daß dieser verborgene Gott, der Lebendige, sich als solcher offenbart, daß das Unmögliche als solches aufblitzt über dem scheinbar unendlichen Reich des Möglichen, das Unanschauliche über dem Anschaulichen, das Jenseits über dem Diesseits, nicht als ein Anderes, Zweites, Abgesondertes, sondern als seine jetzt und hier verhüllte Wahrheit, als der Ursprung, auf den alles bezogen ist, als die Aufhebung aller Relativität und darum als die Wirklichkeit aller relativen Wirklichkeiten, daß Gottes Reich, Unvermeidlichkeit, Existentialität[1], Sieg und Herrlichkeit dem Menschen trotz, nein, wegen der Zeitlichkeit, Endlichkeit und Vergänglichkeit seines Lebens nicht verborgen bleiben kann, daß die Erkenntnis dieses Gottes, der Glaube an ihn, der in der Liebe Energie wird, die in keinem Augenblick schon realisierte, in jedem Augenblick realisierbare, in jedem Augenblick neu zu realisierende Möglichkeit ist, die dem Menschen geboten ist: die Möglichkeit zu sein, was er in Gott ist: Gottes Kind – und also als dieser Mensch in dieser Welt ein dem Gericht Unterworfener, ein auf Gerechtigkeit Merkender, ein auf Erlösung Wartender und aus Gnade schon Befreiter.

### 28/2

Allzu oft wird sie [die Vokabel Gott] ja nur als Deckname für die Grenze alles menschlichen Selbst-und Weltverständnisses gebraucht. Allzu oft sagt man »Gott« und meint mit dieser Chiffre doch nur ein Etwas, nämlich jene inhaltslose, unfruchtbare, im Grunde tief langweilige sogenannte »Transzendenz«, die dann statt als echtes Gegenüber, als ganz und wahrhaft Anderes, als eigentliches Draußen und Drüben viel besser als illusionärer Reflex der menschlichen Freiheit, als deren Projektion in einen leeren Raum der Gegenstandslosigkeit interpretiert werden wird. Dieser »Transzendenz« ist es durchaus wesentlich, daß sie dem Menschen gegenüber weder einen bestimmten Willen hat, noch ein bestimmtes Werk ausrichtet, noch ein bestimmtes Wort findet, noch auch nur eine bestimmte Macht und Autorität hat. Sie kann ihn weder wirklich binden noch wirklich frei machen. Sie kann ihn weder rechtfertigen, noch kann sie ihm Genüge tun. Sie kann ihm weder klarer Sinn noch deutliches Ziel seines Lebens sein.

Die Einführung der Vokabel »Gott« ist dann kein Mißbrauch dieses Namens, sie wird dann sinnvoll und weiterführend, wenn wir dabei an das denken, was wir in der heiligen Schrift als das Handeln und Reden Gottes bezeugt finden. Gott ist der, dessen Name und Sache von Jesus Christus geführt wird. Es geht dann nicht um die Gottheit *in abstracto* als übermenschliches und überweltliches Wesen. Die heilige Schrift weiß nichts von dieser Gottheit. Es geht dann um den Gott, der dem Menschen und der Welt wohl als Herr überlegen ist und bleibt, der sich aber dem Menschen und der Welt, indem er sie erschuf, auch verbunden hat: Es geht dann um Gott in der Aktion, in der er in seiner Überlegenheit über sein Geschöpf, aber auch in seiner Verbundenheit mit ihm begriffen ist. Es geht um dieses Gottes Treue und lebendige Zuwendung zu seinem Geschöpf, um sein besonderes Hineintreten, Hineinwirken, Hineinreden in die Geschöpfwelt mit der Absicht, sein Recht auf sein Geschöpf und damit seine Ehre ihm gegenüber, eben damit aber auch das Recht des Geschöpfes und dessen Ehre zu behaupten, zu schützen und wiederherzustellen.

[1] *Existentialität:* unbedingtes Dasein

 ### Karl Rahner
### Über die Erfahrung der Gnade

*Im Unterschied zu Barth sieht der katholische Theologe zwischen Gott und Mensch nicht nur Abgrund und Widerspruch, sondern auch Nähe und Korrespondenz. Der Mensch finde sich immer schon als Fragender, als einer, der sich ganz in Frage gestellt weiß. Könnte er überhaupt die Frage nach Gott stellen, wenn sie nicht begründet wäre in einer*

Haben wir eigentlich schon einmal die Erfahrung der Gnade gemacht? Wir meinen damit nicht irgendein frommes Gefühl, eine feiertägliche, religiöse Erhebung, eine sanfte Tröstung, sondern eben die Erfahrung der Gnade; jener Heimsuchung des Heiligen Geistes des dreifaltigen Gottes, die in Christus, durch seine Menschwerdung und durch sein Opfer am Kreuz Wirklichkeit geworden ist. Kann man die Gnade in diesem Leben überhaupt erfahren? Hieße dies bejahen nicht, den Glauben zerstören, jene hell-dunkle Wolke, die uns einhüllt, solange wir hier auf Erden pilgern? Nun sagen uns zwar die Mystiker[1] – und sie würden die Wahrheit ihrer Aussage mit der Hingabe ihres Lebens bezeugen –, daß sie Gott und also die Gnade schon erfahren haben. Aber mit dem erfahrungsmäßigen Wissen Gottes in der Mystik ist es eine dunkle und geheimnisvolle Sache, über die man nicht reden kann, wenn man sie nicht hat, und nicht reden wird, wenn man sie hat. Unsere Frage läßt sich also nicht einfach a priori[2] beantworten. Vielleicht gibt es Stufen in der Erfahrung der Gnade, deren unterste auch uns zugänglich sind? Fragen wir uns zunächst: Haben wir schon einmal die Erfahrung des *Geistigen* im Menschen gemacht?

Wir werden vielleicht antworten: Selbstverständlich habe ich diese Erfahrung schon gemacht und mache sie täglich und immer. Ich denke, ich studiere, ich entscheide mich, ich handle, ich pflege Beziehungen zu anderen Menschen, ich lebe in einer Gemeinschaft, die nicht bloß auf dem Vitalen, sondern auch auf dem Geistigen beruht, ich liebe, ich freue mich, ich genieße Dichtung, ich besitze die Güter der Kultur, der Wissenschaft, der Kunst usw. Ich weiß also, was Geist ist. Aber so einfach ist das doch nicht. Das alles ist zwar wahr. Aber in all dem Genannten ist der »Geist« (oder kann es sein) nur gleichsam die Ingredienz[3], die dazu verwendet wird, dieses irdische Leben menschlich, schön und irgendwie sinnvoll zu machen. Der Geist in seiner eigentlichen Transzendenz braucht in all dem noch nicht erfahren zu sein. Nun ist nicht gemeint, daß er nur als solcher erst dort sei, wo über die Transzendenz des Geistes geredet und philosophiert wird. Ganz im Gegenteil! Das wäre nur eine abgeleitete und sekundäre Erfahrung desjenigen Geistes, der nicht nur als inneres Moment am Leben des Menschen waltet. Aber wo ist die eigentliche Erfahrung? Eben da möchten wir nun zum erstenmal sagen: suchen wir selbst, ihn in unserer Erfahrung zu entdecken. Man kann da nur schüchtern und vorsichtig vielleicht auf manches hinweisen.

Haben wir schon einmal geschwiegen, obwohl wir uns verteidigen wollten, obwohl wir ungerecht behandelt wurden? Haben wir schon einmal verziehen, obwohl wir keinen Lohn dafür erhielten und man das schweigende Verzeihen als selbstverständlich annahm? Haben wir schon einmal gehorcht, nicht weil wir mußten und sonst Unannehmlichkeiten gehabt hätten, sondern bloß wegen jenes Geheimnisvollen, Schweigenden, Unfaßbaren, das wir Gott und seinen Willen nennen? Haben wir schon einmal geopfert, ohne Dank, Anerkennung, selbst ohne das Gefühl einer inneren Befriedigung? Waren wir schon einmal restlos einsam? Haben wir uns schon einmal zu etwas entschieden, rein aus dem innersten Spruch unseres Gewissens heraus, dort, wo man es niemand mehr sagen, niemand mehr klarmachen kann, wo man ganz einsam ist und weiß, daß man eine Entscheidung fällt, die niemand einem abnimmt, die man für immer und ewig zu verantworten hat? Haben wir schon einmal versucht, Gott zu lieben, dort, wo keine Welle einer gefühlvollen Begeisterung einen mehr trägt, wo man sich und seinen Lebensdrang nicht mehr mit Gott verwechseln kann, dort, wo man meint zu sterben an solcher Liebe, wo sie erscheint wie der Tod und die absolute Verneinung, dort, wo man scheinbar ins Leere und gänzlich Unerhörte zu rufen scheint, dort, wo es wie ein entsetzlicher Sprung ins Bodenlose aussieht, dort, wo alles ungreifbar und scheinbar sinnlos zu werden scheint? Haben wir einmal eine Pflicht getan, wo man sie scheinbar nur tun kann mit dem verbrennenden Gefühl, sich wirklich selbst zu verleugnen und auszustreichen, wo man sie scheinbar nur tun kann, indem man eine entsetzliche Dummheit tut, die einem niemand dankt? Waren wir einmal gut zu einem Menschen, von dem kein Echo der Dankbarkeit und des Verständnisses zurückkommt, und wir auch nicht durch das Gefühl belohnt werden, »selbstlos«, anständig usw. gewesen zu sein?

Suchen wir selbst in solcher Erfahrung unseres Lebens, suchen wir die eigenen Erfahrungen, in denen gerade uns so etwas passiert ist. Wenn wir solche finden, haben wir die Erfahrung des Geistes gemacht, die wir meinen. Die Erfahrung der Ewigkeit, die Erfahrung, daß der Geist mehr ist als ein Stück dieser zeitlichen Welt, die Erfahrung, daß der Sinn des Menschen nicht im Sinn und Glück dieser Welt aufgeht, die Erfahrung des Wagnisses und des abspringenden Vertrauens, das eigentlich keine ausweisbare, dem Erfolg dieser Welt entnommene Begründung mehr hat.

Und nun: wenn wir diese Erfahrung des Geistes machen, dann haben wir (wir als Christen mindestens, die im Glauben leben) auch schon *faktisch*[4] die Erfahrung des Übernatürlichen gemacht. Sehr anonym und unausdrücklich vielleicht. Wahrscheinlich sogar so, daß wir uns dabei nicht umwenden können, nicht umwenden dürfen, um das Übernatürliche selber direkt anzublicken. Aber wir wissen, wenn wir in dieser Erfahrung des Geistes uns loslassen, wenn das Greifbare und Angebbare, das Genießbare versinkt, wenn alles nach tödlichem Schweigen tönt, wenn alles den Geschmack des Todes und des Unterganges erhält oder wenn alles wie in einer unnennbaren, gleichsam weißen, farblosen und ungreifbaren Seligkeit verschwindet, dann ist in uns faktisch nicht nur der Geist, sondern der Heilige Geist am Werk. Dann ist die Stunde seiner Gnade. Dann ist die scheinbar unheimliche Bodenlosigkeit unserer Existenz, die wir erfahren, die Bodenlosigkeit Gottes, der sich uns mitteilt, das Anheben des Kommens seiner Unendlichkeit, die keine Straßen mehr hat, die wie ein Nichts gekostet wird, weil sie die Unendlichkeit ist. Wenn wir losgelassen haben und uns nicht mehr selbst gehören, wenn wir uns selbst verleugnet haben und nicht mehr über uns verfügen, wenn alles und wir selbst wie in eine unendliche Ferne von uns weggerückt ist, dann fangen wir an, in der Welt Gottes selbst, des Gottes der Gnade und des ewigen Lebens, zu leben.

---

[1] *Mystiker:* s. Mystik
[2] *a priori* [lat.]: von vornherein feststehend; ohne Prüfung an Erfahrungen schon aus der Vernunft gegeben

[3] *Ingredienz:* Zutat, Bestandteile
[4] *faktisch:* tatsächlich, hier im Sinn: wirklich, aber vielleicht unreflektiert

## 30 Wolfhart Pannenberg
## Wie wahr ist das Reden von Gott?

*Der evangelische Theologe Pannenberg versucht, die Verbindlichkeit des Gottesglaubens neu zu begründen und an der Gesamtwirklichkeit aufzuweisen. Dabei lenkt er zunächst zurück zu den geschichtsbezogenen Aussagen der Bibel über Gott (vgl. Texte 19–27). Wenn die Bibel von Gott spricht, erzählt sie von Taten in der Geschichte. Solche Ereignisse stehen der historischen Erkenntnis offen. Um dem Glauben die Qualität des begründeten Vertrauens zu geben, müssen die biblischen*

*Heilsereignisse der menschlichen Vernunft einsichtig zu machen sein.*
*Die Geschichte ist so der Ort menschlicher Wirklichkeit, an dem Gott*
*faßbar wird.*
*Auf diese Weise kann Pannenberg nicht nur die Herausforderung*
*L. Feuerbachs, sondern auch die neuzeitlicher philosophischer Strö-*
*mungen annehmen, für welche die Rede von Gott unter dem Verdacht*
*steht, sinnlos zu sein. Wenn nämlich Glaubensaussagen an Erfahrungen*
*nachgeprüft werden können, darf die Theologie mit gutem Recht*
*wissenschaftliche Aussagen machen. Damit kann sie zugleich beitragen*
*zur interdisziplinären Suche nach der Wahrheit.*
*Erneut zeigt sich jedoch die Grenze aller Versuche, Gott beweisen zu*
*wollen: Wird Gott nicht so zum Objekt, zum Forschungsgegenstand – in*
*ein System eingefangen und festgelegt? Hat das Wissen hier nicht den*
*Vorrang vor dem Glauben?*

Doch wie ist eine Überprüfung theologischer Aussagen überhaupt möglich? Behauptungen, die sich auf Gott beziehen, auf ein Handeln oder Reden oder eine Offenbarung Gottes – solche Behauptungen sind offenbar nicht an ihrem unmittelbaren Gegenstand nachprüfbar. Denn erstens ist Gottes Wirklichkeit strittig, und zweitens widerspräche es auch seiner Gottheit als der alles bestimmenden Wirklichkeit, daß er dem Menschen wie eine jederzeit reproduzierbare endliche Gegebenheit nach Belieben zur Verfügung stehen sollte, damit menschliche Behauptungen an ihm gemessen werden könnten. Gottes Wirklichkeit ist – wie immer es sonst mit ihr stehen mag – auf solche Weise nicht zugänglich. Behauptungen über Gott, über sein Handeln oder Offenbaren, können daher nicht direkt an diesem ihrem Gegenstand überprüft werden. Damit ist aber noch nicht gesagt, daß sie überhaupt nicht überprüfbar sind. Man kann nämlich Behauptungen auch an ihren Implikationen[1] prüfen. Behauptungen über göttliche Wirklichkeit oder göttliches Handeln lassen sich überprüfen an ihren Implikationen für das Verständnis der endlichen Wirklichkeit, sofern nämlich Gott als *die alles bestimmende Wirklichkeit* behauptet wird.

Der Gedanke der alles bestimmenden Wirklichkeit gibt zwar bei weitem noch keine erschöpfende Auskunft über die göttliche Wirklichkeit – sei es im Sinne des biblischen Gottes oder in dem irgendeiner anderen Religion oder Philosophie. Aber es handelt sich bei ihm um eine fundamentale Bedingung sowohl der biblischen als auch der philosophischen Tradition des Redens von Gott, charakteristisch für den beiderseitigen sogenannten Monotheismus. Zumindest in diesem Überlieferungsbereich beruhen alle anderen Aussagen über Gott bereits auf der Voraussetzung, daß es bei diesem Wort um die alles bestimmende Wirklichkeit geht. Dann aber lassen sich Behauptungen über Gott daran prüfen, ob ihr Inhalt tatsächlich für alle endliche Wirklichkeit – so wie unsere Erfahrung zugänglich ist – bestimmend ist. Gesetzt nämlich, das sei der Fall, so kann nichts Wirkliches in seiner Eigenart voll verstanden werden ohne Beziehung auf den behaupteten Gott, und umgekehrt muß dann erwartet werden, daß sich von der behaupteten göttlichen Wirklichkeit her ein tieferes Verständnis alles Wirklichen überhaupt erschließt. In dem Maße, wie beides der Fall ist, kann von einer Bewährung theologischer Behauptungen gesprochen werden.

[1] *Implikation:* mitgemeinter Sachverhalt; Aussage, die unausgesprochen in einer anderen Aussage enthalten ist

*Warum lesen wir alte Texte? Weshalb interessiert man sich noch für Gedankengänge eines Autors, der schon über 700 Jahre tot ist? Gewiß, man kann Texte der Überlieferung ebenso sammeln, wie man Briefmarken oder Schmetterlinge zusammenträgt: Man freut sich über Zahl und beginnende Vollständigkeit. Aber selbst dabei erwartet der Sammler, daß er »schöne Stücke« findet, die zu betrachten sich lohnt. Wann aber erweist sich nun ein überlieferter Text in vergleichbarem Sinn als anregend und wertvoll? Zunächst vielleicht: Durch die Geschichte wächst uns ein Maß zu; wir können Denkentwürfe der Gegenwart vergleichen und ihre Tragfähigkeit bewerten. Dabei wird sich mitunter herausstellen, daß die Tradition Probleme umfassender und richtiger verstanden hat, als wir es heute leisten. Dadurch schaffen tradierte Texte Freiheit: Sie bewahren die Gegenwart ein wenig davor, vordergründigen und einseitigen Lösungen zu trauen.*

*Wer sich intensiv mit denkerischen Entwürfen der Vergangenheit befaßt, wird zugleich gehindert, hinter die Bewußtseinshöhe der Tradition zurückzufallen. Notwendig wird er verlangen, daß heutige Beiträge dem überlieferten Maßstab standhalten. Damit sichert der Umgang mit der Geschichte den Fortschritt. Freiheit erwächst aber auch, weil der Mitdenkende die Fragen der Gegenwart nicht länger überschätzt. Man erfährt oft, daß Problemstellungen bereits eine lange Geschichte haben. Die Gegenwart wird damit zum vorübergehenden Stadium in einer umgreifenden Entwicklung. Gelassenheit kann in dieser Einsicht begründet sein.*

*An einigen Stellen aber haben offensichtlich die Neuzeit und das 20. Jahrhundert neue Probleme und Fragestellungen eingebracht. Die Hinwendung zur Tradition reicht dann nicht aus. Vielmehr müssen neue Antworten entwickelt und geprüft werden. Der Blick auf die Vergangenheit hat aber auch dann noch einen Sinn. Er zeigt, wie sich die heutige Fragestellung vor dem Horizont der Geschichte abzeichnet; das spezifisch Neue tritt im Vergleich zu traditionellen Entwürfen deutlicher hervor.*

# Thomas von Aquin
## Sentenzen über die Erkenntnis Gottes

*Das philosophische und theologische Lehrgebäude des Thomas von Aquin (1225–1275) hat das theologische Denken der folgenden Jahrhunderte maßgeblich beeinflußt. Die katholische Theologie hat sich bis ins 20. Jahrhundert vielfach auf Thomas berufen.*

*Ein entscheidender Ausgangspunkt des thomasischen Denkens bildet die Frage, wie Gott und Welt (Gott und Mensch) zueinander gehören. Drei Aspekte kennzeichnen seine Antwort:*

*1. Gott ist Schöpfer, die Welt ist in Entstehung und im Sein von Gott abhängig.*

*2. Da Gott nichts hätte schaffen können, was seinem Wesen nicht gemäß wäre, hat die Welt teil an Gott. Sie hat zwar nicht den gleichen Seinswert, aber die Erscheinungen sind durch die Teilhabe am göttlichen Sein gekennzeichnet.*

*3. Daher besteht zwischen der Welt und Gott »Analogie«: Das Gute und Vollkommene in der Schöpfung machen die Welt Gott ähnlich, da Gott das Gute und Vollkommene schlechthin ist.*

*Damit sind auch die Wege der Erkennbarkeit Gottes vorgezeichnet (vgl. Text 9).*

*Vollkommenheit und Gott*

1. Des Menschen Sehnsucht geht dahin, ein Ganzes und ein Vollkommenes zu erkennen.

2. Unser erkennender Geist spannt sich, indem er etwas erkennt, ins Unendliche aus. ... Diese Hingewiesenheit des Geistes in das Unendliche wäre aber vergeblich und ohne Sinn, gäbe es keinen unendlichen Gegenstand der Erkenntnis.

3. Des menschlichen Lebens letztes Ziel ist: Glückseligkeit.

4. Gott allein kommt, kraft seines Wesens, die vollkommene Glückseligkeit zu, weil Sein und Glückseligsein für ihn dasselbe ist. Für jedwede Kreatur aber ist das Glückseligsein nicht ein von Natur gegebener Besitz, sondern das letzte Ziel.

5. Ein jedes Wesen, das seine eigene Vollendung erstrebt, strebt nach Gottähnlichkeit.

*Teilhabe und Analogie*

6. Alle erkennenden Wesen erkennen in jeglichem Erkannten einschlußweise Gott. Wie nämlich nichts den Charakter des Begehrbaren hat außer kraft der Ähnlichkeit mit der Ur-Gutheit, so ist nichts erkennbar außer kraft der Ähnlichkeit mit der Ur-Wahrheit.

7. Offenkundig falsch ist die Meinung derer, die sagen, im Hinblick auf die Wahrheit des Glaubens sei es völlig gleichgültig, was einer über die Schöpfung denke, wenn er nur von Gott die rechte Meinung habe. Denn ein Irrtum über die Schöpfung wirkt zurück in ein falsches Wissen von Gott.

8. Im Feuer brennendes Holz hat teil an der Natur des Feuers: so auch wird der Mensch in gewissem Sinn teilhaftig der göttlichen Natur.

9. Gott ist das erste Urbild aller Dinge.

10. Zwar geht die Erste Ursache, welche Gott ist, nicht ein in das Wesen der geschaffenen Dinge; doch kann das Sein, das in den geschaffenen Dingen wohnt, nur verstanden werden als entsprungen aus dem göttlichen Sein.

11. Da Gott die allgemeinsame Ursache des ganzen Seins ist, so ist es notwendig so, daß, worin immer das Sein sich findet, dort auch die göttliche Gegenwart nahe sei.

12. Das Wesen Gottes, wie es in sich ist, vermögen wir in diesem Leben nicht zu erkennen. Aber wir erkennen es, sofern es sich abbildet in den Vollkommenheiten der Schöpfung.

13. Wer immer irgendwie unter dem Gesichtspunkt des Guten irgend etwas will, dessen Wille ist gleichförmig dem göttlichen Willen.

*Erkenntnis und Liebe*

14. Wiewohl die Seele eher zu Gott geführt wird durch die Erkenntniskraft als durch liebende Hinwendung, so erreicht ihn doch die liebende Hinwendung vollkommener als die Erkenntniskraft.

15. Näher zu Gott, als ihn die eigene Vernunft zu führen vermöchte, vermag der Mensch zu gelangen durch die Liebe, indem er selbst nicht wirkend, von Gott selbst sozusagen gezogen wird.

*Grenzen der Erkenntnis Gottes*

16. Die geschaffenen Dinge sind unzureichend, den Schöpfer abzubilden. Und darum vermögen wir durch die geschaffenen Dinge auf keine Weise vollkommen zur Erkenntnis des Schöpfers zu gelangen; und das auch wegen der Unzulänglichkeit unserer Erkenntniskraft, die nicht einmal all das über Gott aus den geschaffenen Dingen zu entnehmen vermag, was diese von Gott offenbaren.

17. Gott ist Einer in Wirklichkeit und vielfältig für das Denken: unsere Erkenntniskraft erfaßt ihn auf so vielfältige Weise, wie die Dinge ihn vielfältig abbilden.

18. Dieses ist das Äußerste menschlichen Gotteserkennens: zu wissen, daß wir Gott nicht wissen.

19. Weder Christ noch Heide erkennt das Wesen Gottes, wie es in sich selber ist.

20. Gott vermögen wir in diesem Leben nicht vollkommen zu erkennen, so daß wir von ihm wüßten, was er sei; doch können wir von ihm erkennen, was er nicht sei. Und darin besteht die Vollendung der Erkenntnis auf dem Wege. Ähnlich

vermögen wir auch in diesem Leben Gott nicht vollkommen zu lieben, so daß wir ständig ihm wirklich zugewendet wären, sondern nur so, daß unser Sinn niemals zum Widergöttlichen sich hinkehrt.

21. Wir können nicht fassen, was Gott ist, wohl aber, was er nicht ist und auf welche Weise die anderen Wesen sich zu ihm verhalten.

22. Gott wird durch Schweigen geehrt – nicht, weil wir nichts von ihm zu sagen oder zu erkennen vermöchten, sondern weil wir wissen, daß wir unvermögend sind, ihn zu begreifen.

## 32 Meister Eckhart
## Gott – die Ursache des Seins in den Dingen

*Eine Generation nach Thomas von Aquin predigt und schreibt Meister Eckhart (1260–1327). Im wesentlichen teilt er das Weltbild und das theologische Denken des Thomas. Er radikalisiert jedoch die Vorstellung vom Sein: Das Sein ist den konkreten Erscheinungen der Welt so sehr voraus und überlegen, daß den konkreten Erscheinungen keine eigenständige Bedeutung zukommt. Sie sind nur eine Wirkung des Seins. Vom »wahren Sein« allein geht alle Energie aus, die das Leben bestimmt.*

**32/1**

In allem, was unvollkommen ist, was Zahl, Teil und Menge einschließt, kann Gott nicht im eigentlichen Sinne sein. Im »Himmel« ist Er, wie man sagen kann – aber nicht in Ort und Zeit: denn da ist Er nicht eigentlich, ist nicht drinnen und tritt nicht hinein. Nur insofern alles Mannigfache an dem Einen teil hat und alles Nein ein Ja voraussetzt – alle Beraubung den Besitz, alles Falsche das Wahre, alles Böse das Gute: kann man uneigentlich sagen, daß Gott »darin« sei. Doch kann Er nur gleichsam von außen dabei sein und nicht zu ihrem Wesen gehören: denn ihr Wesen ist Mangel an Sein, nicht das Sein schlechthin. Doch »trägt Er alles im Worte seiner Kraft« – denn wie und wo hätte ein »Sein« seine tragende Stütze, wenn nicht in dem Sein und durch das Sein: das abgeleitete Ur-sein? Insofern dringt Gott und Gott allein ins innerste Wesen aller Dinge, und nichts anderes sonst dringt in ein anderes. Denn Gott allein ist die Ursache der Dinge nach ihrem Sein oder die Ursache des Seins in den Dingen.

**32/2**

All unsere Vollkommenheit und Seligkeit liegt daran, daß der Mensch hinausdringe und hinausgehoben werde über alle Geschöpflichkeit und Zeitlichkeit und alles Wesen und eingehe in den Grund, der grundlos ist. Denn von nichts anderem wird die Seele vollkommen selig, als daß sie sich in die Wüste der Gottheit stürze, da nicht Werk noch Bild ist – daß sie sich da verliere und versenke und sich selber so zunichte werde, daß alle Dinge sie so wenig mehr berühren, als wären sie nicht. Gott wird geboren in dem »Nichts«. Ein Mensch stand auf von der Erde, und mit offenen Augen sah er »nichts« – und er sah Gott, vor dem alle Kreaturen nichts sind. Er sah alle Kreaturen als ein Nichts, denn ER hat aller Kreaturen Sein in sich. Da Sankt Paulus nichts sah, da sah er Gott.
Alle Kreatur muß dunkel werden, daß Gott, das Licht, hell werde. Denn »das Licht leuchtet in der Finsternis«.

**32/3**

Der Mensch soll Gott in *allen* Dingen ergreifen und soll sein Gemüt daran gewöhnen, Gott allzeit gegenwärtig zu haben im Gemüt und im Streben und in der Liebe...

Worin liegt dieses wahre Innehaben Gottes, daß man ihn wahrhaft besitze?
Dieses wahrhafte Innehaben Gottes liegt am Gemüte und an einer innigen, geistigen Hinwendung und Strebung zu Gott, nicht dagegen an einem beständigen, gleichmäßigen Darandenken; denn das wäre der Natur unmöglich zu erstreben und sehr schwer und zudem nicht das Allerbeste. Der Mensch soll sich nicht genügen lassen an einem gedachten Gott; denn wenn der Gedanke vergeht, so vergeht auch der Gott. Man soll vielmehr einen wesenhaften Gott haben, der weit erhaben ist über die Gedanken des Menschen und alle Kreatur. *Der* Gott vergeht nicht, der Mensch wende sich denn mit Willen von ihm ab. Wer Gott *so*, im Sein, hat, der nimmt Gott göttlich, und dem leuchtet er in allen Dingen; denn alle Dinge schmecken ihm nach Gott, und Gottes Bild wird ihm aus allen Dingen sichtbar. In ihm glänzt Gott allzeit; in ihm vollzieht sich eine loslösende Abkehr und eine Einprägung seines geliebten, gegenwärtigen Gottes. Vergleichsweise so, wie wenn es einen in rechtem Durst heiß dürstet: so mag einer wohl anderes tun als trinken, und er mag auch wohl an andere Dinge denken; aber was er auch tut und bei wem er sein mag, in welchem Bestreben oder welchem Gedanken oder welchem Tun, so vergeht ihm doch die Vorstellung des Trankes nicht, solange der Durst währt; und je größer der Durst ist, um so stärker und eindringlicher und gegenwärtiger und beharrlicher ist die Vorstellung des Trankes.

## 33 Nikolaus von Cues
## Vom verborgenen Gott

*Der erste große deutsche Philosoph ist eine faszinierende Gestalt. Schon der äußere Lebenslauf des Nikolaus von Cues läßt Weite ahnen: In Cues an der Mosel wird er 1401 geboren; Schüler ist er vermutlich im Kloster zu Deventer (Holland); er studiert in Heidelberg, Padua und Köln. Dabei wird er mit griechischer Philosophie ebenso bekannt wie mit den aufkeimenden Naturwissenschaften. 1432 nimmt er teil am Konzil von Basel. Danach reist er als päpstlicher Legat nach Konstantinopel; am oströmischen Kaiserhof beteiligt er sich an Religionsgesprächen, die eine Vereinigung der östlichen und der westlichen Kirchen zum Ziel haben. – Als Legat des Papstes tritt er vor allem auf den Reichstagen zu Mainz (1441) und Frankfurt (1442) auf; dabei bemüht er sich, die Zusammenarbeit zwischen Papst, Kaiser und Kurfürsten zu wahren. 1450 wird er Bischof von Brixen (Südtirol) und zugleich Visitator für das Deutsche Reich; dieses reichte damals von Teilen des heutigen Hollands bis nach Ostpreußen und Wien, von Südtirol bis Südschleswig. – Die letzten Lebensjahre verbringt Nikolaus Cusanus als Kurienkardinal in Rom. Er versucht eine Reform des Kirchenstaates und der Seelsorge der römischen Diözesen. Er starb 1464.*

*Ein Zentrum seines Denkens ist die These vom »wissenden Nichtwissen«. Er sieht die Gefahr, daß man im Denken zu früh innehält. Eine Teilwahrheit wird richtig erkannt, aber vorschnell glaubt der Denkende, er habe schon die Wahrheit im ganzen getroffen. Denken wird damit für Nikolaus von Cues zu einem unendlichen Prozeß, der immer wieder Scheinwissen aufbricht. Der wahrhafte Denkende weiß, daß er in jedem Wissen zugleich Entscheidendes nicht weiß. – Diese Einsicht bestimmt auch das Denken über Gott. In der Kunstform des Dialogs läßt Cusanus einen »Heiden« und einen »Christen« über Gott sprechen.*

*Heide:* Ich sehe dich in tiefer Andacht niedergeworfen und Tränen der Liebe vergießen – nicht etwa trügerische, sondern Tränen echter Ergriffenheit. Sag bitte, wer bist du?

*Christ:* Ich bin ein Christ.

*H:* Was betest du an?

*C:* Gott.

*H:* Wer ist der Gott, den du anbetest?

*C:* Ich weiß es nicht.

*H:* Wie kannst du so ernsthaft anbeten, was du nicht kennst?

*C:* Gerade weil ich kein Wissen habe, bete ich an.

. . .

*H:* Ich bitte dich, Bruder, führe mich dahin, daß ich dich in deiner Gottesauffassung verstehen kann. Nun antworte: Was weißt du von dem Gott, den du anbetest?

*C:* Ich weiß, daß all das, was ich im Wissen besitze, nicht Gott ist und daß alles, was ich begrifflich erfasse, Gott nicht entspricht, sondern daß er alles übersteigt.

*H:* Ist Gott also nichts?

*C:* Er ist nicht nichts; denn dieses »nichts« hat selbst den Namen des »Nichts«.

*H:* Wenn er nicht nichts ist, so ist er also etwas?

*C:* Er ist auch nicht etwas. Etwas ist nämlich nicht alles, Gott aber ist eher alles als ein einzelnes Etwas.

*H:* Wunderliches Zeug behauptest du: der Gott, zu dem du betest, sei weder nichts noch etwas. Kein Verstand begreift das.

*C:* Gott ist über dem Nichts und dem Etwas. Denn ihm gehorcht das Nichts, daß etwas wird. Und das ist seine Allmacht; eine Macht, in der er alles, was ist oder nicht ist, überschreitet, so daß ihm das Nichtseiende sowohl als das Seiende gehorcht. Er bewirkt nämlich, daß das Nichtsein in den Zustand des Seins übergeht und das Sein in den des Nichtseins. Daher ist er nichts von alledem, was unter ihm liegt und dem seine Allmacht vorausgeht. Das ist der Grund, weshalb man ihn weder als »dieses« noch als »jenes« bezeichnen kann; denn von ihm hat alles seinen Ursprung.

*H:* Könnte man ihm einen Namen geben?

*C:* Klein ist, was wörtliche Bestimmung trägt. Der, dessen Größe niemand zu begreifen vermag, bleibt unsagbar.

*H:* So ist er also unsagbar?

*C:* Nicht unsagbar, sondern über alles hinaus sagbar, weil er der Grund alles Nennbaren ist. Wie sollte der, der allem anderen den Namen gibt, selber ohne Namen sein?

*H:* Mithin ist er sagbar und unsagbar zugleich?

*C:* Auch das nicht. Denn Gott ist nicht die Wurzel des Widerspruchs; vielmehr ist er die Einfachheit selbst vor jeglicher Wurzel.

*H:* Was willst du also über ihn aussagen?

*C:* Daß er weder genannt noch nicht genannt wird, noch daß er genannt wird und nicht genannt wird, sondern daß alles, was man in entgegensetzender oder in verbindender Aussage, in übereinstimmender oder in widersprüchlicher Weise behaupten kann, ihm nicht zukommt, weil seine Unendlichkeit alles überschreitet. So ist er der eine Ursprung, der jeder Gestalt des Denkens über ihn vorangeht.

*H:* So käme Gott also kein Sein zu?

*C:* Ganz recht.

*H:* Folglich ist er nichts.

*C:* Er ist nicht nichts, noch ist er nicht, noch ist er und ist nicht, sondern er ist Quelle und Ursprung aller Gründe des Seins und des Nichtseins.

*H:* Ist Gott die Quelle der Seins- und Nichtseinsgründe?

*C:* Nein!

*H:* Eben hast du's noch gesagt.

*C:* Ich sagte die Wahrheit, als ich das behauptete, und auch jetzt spreche ich wahr, da ich es bestreite. Denn wenn es irgendwelche Gründe des Seins und des Nichtseins gibt – Gott geht ihnen voraus.

# Erfahrungen mit Gott

*Die Frage nach der Existenz Gottes wurde vielfach so gestellt: Gibt es über oder in der Welt ein Wesen für sich, das Macht und Gestaltungskraft über menschliche Schicksale und Lebensbedingungen hat? Dabei bestand immer die Gefahr, daß Gott als Gegenstand (Objekt) neben anderen Gegenständen betrachtet wurde, wenn auch aus diesen herausgehoben. Aus solchem Blickwinkel glaubte man auch, die Existenz Gottes beweisen oder bestreiten zu müssen.*

*Die Auseinandersetzung zwischen Atheismus und Christentum hat heutige Theologen dazu genötigt, die Unverfügbarkeit Gottes entschiedener zu bedenken, Gott erscheint nicht objektivierbar und läßt sich nicht mit rationalen Mitteln eindeutig erschließen. Im Glauben an Gott geht es vielmehr um eine Art, das Leben anzunehmen und zu gestalten. Damit ist heute vielleicht eine Unbefangenheit gegenüber der Gottesfrage eher möglich. Gültige Antworten erwachsen nicht allein aus der Richtigkeit von Argumenten, sondern ebenso aus der Glaubwürdigkeit von Lebensentwürfen. Wie sinnvoll – so wird gefragt – ist eigentlich (noch) der »Streit um Gott«? Was entscheidet sich darin für den Menschen? Was steht noch auf dem Spiel?*

*Erfährt ein Mensch die Welt angemessener und umfassender, wenn er an Gott glaubt? Oder ist (umgekehrt) der Glaube an Gott ein Hindernis für die redliche Annahme des Lebens? Wie wird Gott überhaupt erfahrbar? Wie ändert sich die Einstellung zur Welt, zum eigenen und fremden Leben, wenn man an Gott glaubt? (Und zugleich gedacht:) Wie ändert sich die Einstellung zur Welt, wenn man nicht an Gott glaubt?*

*Wenn man diese Fragestellungen im Blick behält, zeigt sich gelegentlich eine erstaunliche Umkehrung der Fronten. So kann es sein, daß Gott für gläubige Menschen eine Ermutigung zur Freiheit bedeutet. Im Namen Gottes nehmen sie sich der Freiheit in unserer Gesellschaft und der Freiheit des einzelnen an. Zugleich aber treten Atheisten auf, die glauben, im Namen der Freiheit die Existenz Gottes bestreiten zu müssen, ja Gott scheint ihnen ein Hindernis auf dem Weg zur Freiheit. Die Frage nach Gott wird damit neu zugespitzt: Wie wird Gott als Ermutigung oder als Belastung erfahren? Erweist sich der Glaube an Gott als eine Bereicherung und Hilfe für den Menschen oder sieht sich der Mensch erniedrigt und entmündigt durch einen »unmenschlichen« Gott?*

*Es gehört zu den Merkmalen unserer Zeit, daß diese Frage nicht allgemein und für immer gültig beantwortet werden kann. Sie stellt sich jeder Zeit und jedem neu.*

## Kurt Guggenheim
## Jugend als Suche

In einer bitteren, unvergessenen Auseinandersetzung sagte einmal mein Vater zu mir: »Du hast keinen Gott, du hast kein Vaterland, du hast keinen eigenen Gedanken!« Von diesen drei Vorwürfen traf mich der letzte am meisten. Wenn ich ehrlich sein wollte, so mußte ich mir eingestehen, daß mit dieser lapidaren Verurteilung mein damaliges Wesen getroffen war. Es traf alles zu, weder kannte ich einen Gott (welch eine Scheu, ihn zu nennen) noch ein Vaterland, in einem engen, heimlichen, heimischen, geborgenen Sinne, noch war irgendein Gedanke, ein »Ideelein« auf meinem eigenen Mist gewachsen. Was ich damals, mit meinen zweiundzwanzig Jahren, nicht wissen konnte, ist: daß dies der eigentliche Zustand der Jugend ist. Jung sein, das heißt ja gerade Gott suchen, seine Heimat suchen, sich selbst suchen! Jedesmal, wenn ich zwei junge Menschen in liebendem Gespräch, in liebender Umarmung sehe, durchweht mich dieser Schauer der Erfahrung: »Sie suchen Gott, sie suchen ihr Zuhause, sie suchen sich selbst. Die Liebe ist der Weg dazu.«

# 35 »Gott ist eine Wolke«
## Kinder äußern sich über Gott

*Realität und Phantasie sind für Kinder in den ersten Lebensjahren nicht streng getrennt. Gott gehört in ähnlicher Weise zur Wirklichkeit wie Zwerge oder Hexen, auch der Hund des Nachbarn kann nachts vielleicht fliegen.*
*In ihrem Bild von Gott sind die kleinen Kinder fast ganz abhängig von den Geschichten und Belehrungen der Erwachsenen. Zweifel an der Existenz Gottes entwickelt ein Kind nur, wenn es merkt, daß die Erwachsenen selbst nicht an Gott glauben. Dennoch hat auch ein Kind, dem glaubwürdig von Gott erzählt wird, seine Vorstellungsprobleme: Wie sieht Gott aus? Was tut er? Wie gut oder wie schlecht ist er zu den Menschen (und besonders zu mir)? Kann und sieht er wirklich alles?*

1. »Ich habe Gott gesehen. Es ist eine Dame.«          *Junge, 3 Jahre*

2. »Man darf nicht ›Gott‹ sagen, das ist ein häßliches Wort.« – Später: »Ich weiß sicher, daß Gott ein häßlicher alter Mann ist.«      *Junge, 5 Jahre*

3. »Ist Gott ein Mädchen? Nein, das geht nicht, er ist sicher ein Vater, genau wie Papa, aber die Engel sind Mädchen, denn die sind sehr schön.«    *Junge, 6 Jahre*

4. »Ist Gott ein Mann oder eine Frau oder beides?«        *Junge, 8 Jahre*

5. »Ich stellte mir Gott als einen bösen Mann mit einer Peitsche vor.«
                            *Junge, 11 Jahre*

6. »Glaubt die Katze, daß Gott aussieht wie eine Katze?«    *Junge, 11 Jahre*

7. »Ich glaube, daß Gott wie eine Wolke ist mit einem Auge und einem Mund.«
»Gott ist wie eine Wolke, aber er kann sprechen.«
»Ich glaube, daß Gott eine farbige Wolke ist.«
»Gott ist eine große Wolke, deshalb kann man ihn nicht sehen, er ist da und auch nicht da.                          *4 Jahre*

8. Nebel im Wald. »Ich bin durch Gott gegangen.«      *Junge, 5 Jahre*

9. »Ist Gott kein Mann? Kann man ihn also nicht sehen? Dann ist er also eine Glasscheibe.«                         *Junge, 5 Jahre*

10. »Ist Gott so groß wie das Zimmer? Kann Gott Österreich und Amerika zugleich sehen? Was hat Gott dann für große Augen? Kann Gott einen hören, wenn man ganz unter der Erde steckt, ganz tief unter der Erde? Was hat Gott dann für große Ohren und sicher auch ganz große dicke Beine.«    *Mädchen, 5 Jahre*

11. »Papa, wenn es keine Luft gäbe, dann gäbe es auch Gott nicht, denn der könnte dann nirgends wohnen.«                   *Junge, 4 Jahre*

12. »Wie geht das denn, daß Gott im Himmel ist? Man kann doch nicht in der Luft sitzen, da ist doch kein Boden?«

13. »Gott ist durchsichtig.«              *Mädchen, 5 Jahre*

14. »Gott kann ja vom Himmel aus alles prima sehen. Da kann er auf die ganze Welt aufpassen. Der stört sich aber nicht daran, wenn ein Unglück passiert auf der Zeche oder mit die Autos. Aber wenn die Leute tot sind, dann werden sie bestraft oder belohnt. Da kann der liebe Gott machen, wie er will.«
                            *Junge, 9 Jahre*

# Susanne Kilian: Frau Bertolds wechselhafte Beziehungen zum lieben Gott

Als Frau Bertold ein kleines Mädchen war und noch Lotte Gerhard hieß, waren ihre Beziehungen zum lieben Gott gut. Überhaupt stellte sie ihn sich so vor: erst mal und vor allen Dingen lieb. Als alten weißhaarigen Mann mit ebenso weißem Rauschebart. Irgendwie ähnelte das Bild, das sie sich von ihm machte, ein wenig dem Weihnachtsmann.

Daß er auch zornig sein konnte, erfuhr sie später. Als sie in den Kommunionunterricht ging und lernte, daß Sünden, wie zum Beispiel das Lutschen eines geklauten Bonbons oder das Essen von Fleisch an einem Freitag, gebeichtet und gesühnt werden müssen.

Da fingen ihre Beziehungen zum lieben Gott an, wechselhaft zu werden.

Manchmal liebte sie ihn: Wenn sie in der Kirche war, und der Weihrauch duftete, und der Kirchenchor sang, und alles war festlich und feierlich im Flackern der Kerzen und Murmeln der Gebete.

Manchmal fürchtete sie ihn: Wenn sie ihre kleinen Kindersünden beichten mußte und sie sich schon im Fegefeuer büßen sah wegen einer ungehorsamen Antwort gegen die Mutter. Oder noch viel schlimmer: sich in der Hölle in einem großen Topf braten sah. (Jedenfalls stellte sie sich das damals so vor.) Besonders schwere Strafe für besonders schwere Vergehen.

Trotzdem. Lotte Gerhard war nicht gerade ein frommes Kind. Zu ihrer Zeit ging man eben jeden Sonntag in die Kirche. Das gehörte sich so. Und daß man zur Kommunion oder Konfirmation zu gehen hatte, verstand sich auch von selbst. Da wurde nicht viel gefragt. Schon gar nicht die Kinder.

Und als aus Lotte Gerhard dann Frau Bertold wurde – klar, nicht nur Standesamt, nein: weiße Hochzeit mit Schleier, Myrtenkranz und allem Drum und Dran in der Kirche.

Nun war Frau Bertold erwachsen. Der liebe Gott ihrer Kindheit rückte in immer fernere Himmel. Sonntags hatte sie keine Zeit mehr, in die Kirche zu gehn. Das Essen war zu kochen. Da waren die kleinen Kinder, die sie versorgen mußte. Ihre Beziehungen zum lieben Gott schliefen ein bißchen ein. Ein Kirchbesuch zu Weihnachten, mal einer zu Ostern. Hier und da ein bittendes Gebet, wenn sie gar nicht weiter wußte. Manchmal dann, wenn das Übel vorbei war, ein Dankgebet. Voll schlechten Gewissens, weil sie so wenig an Gott dachte.

Aber ihre Kinder waren getauft.

Sie gingen jeden Sonntag zur Kirche. Das gehörte sich so. Das mußte sein. »Also, was ihr später macht, das ist eure Sache. Aber solange ihr Kinder seid, habt ihr jeden Sonntag in die Kirche zu gehn. Das schadet euch nicht. Das kann euch nur nützen«, pflegte sie zu ihren Kindern zu sagen, wenn die maulten. Ja.

Je älter Frau Bertold wurde, desto blasser und blasser wurde das Bild, das sie sich vom lieben Gott machte. Überhaupt, lieb war er schon lange nicht mehr für sie. Er war einfach Gott. Und es war ihr sehr, sehr zweifelhaft, ob es ihn überhaupt gab. Da brauchte sie nur an das schreiende Unrecht und die schweren Schicksale zu denken, die es überall in der Welt gibt. Wenn es einen *lieben* Gott gäbe, dann dürfte er so was überhaupt nicht zulassen.

Jedem, der es hören wollte, sagte sie: »Also, nehmen sie doch mal unsere Kirche. Da bezahlen wir Kirchensteuer. Und was machen sie damit? Paläste von Kirchen bauen sie. Immer neue. Und der Bischof läuft rum, behängt von oben bis unten mit Zierat und Gold. Und in den Kirchen ist auch ein Reichtum wie Gott weiß was! Und die Armen? Würden sie lieber für das was tun! Schließlich ist unser Herr Jesus in 'nem ärmlichen Stall geboren. Ohne Prunk und Pracht. Wenn der gewußt hätte, was die mal für 'nen Protz draus machen! Nein, nein, die ganze Kirche mit allem, was dazugehört, kann mir gestohlen bleiben. Das ist meine Meinung! Jawoll!«

Für eine Zeitlang war Gott aus dem Leben Frau Bertolds ganz verschwunden.

Später waren ihre Kinder verheiratet. Der Sohn in Amerika. Die Tochter in einer anderen Stadt. Alle beide weit, weit weg von ihr. Sie hatte Enkelkinder. Aber die kannte sie fast nur von Fotos.

Da starb ihr Mann. Sie war allein. Ganz allein.

Und dann wurde sie auch noch krank. So, daß sie sich nicht mehr allein versorgen konnte und in ein Pflegeheim mußte. Es war ein preiswertes, von Nonnen geleitetes Heim. Ein anderes hätte sie sich gar nicht leisten können. Und überall hingen Heiligenbilder und Kreuze, und eine Kapelle gab es auch. Jeden Sonntag wurde dort eine Messe gelesen für die Kranken. Ausschließen konnte sie sich da nicht. Auch nicht, wenn morgens, mittags und abends vor und nach dem Essen gebetet wurde. Das ging einfach nicht. Die Nonnen waren so nett. Und Frau Bertold mochte sie nicht kränken und außerdem: Sie war jetzt so allein. Und einsam.

Manchmal, in der Nacht, wenn sie wach lag und nicht wieder einschlafen konnte, quälte sie der Gedanke, daß sie nicht mehr gesund werden würde. Daß sie bald sterben müßte. Der Tod machte ihr solche Angst.

Sie fühlte sich schwach und hilflos wie ein winziges Kind. Und hoffte nur eins: es gibt ihn, den lieben Gott. Er wird mir verzeihen, daß ich eine Zeitlang ungläubig war. Er wird mich hoffentlich in den Himmel kommen lassen. Wird er das?

Der Gedanke an den allesverzeihenden, lieben, gütigen Gott ihrer Kindertage in einem hellen, lichten, fröhlichen Himmel war ihr einziger Trost. Für Frau Bertold gab es ja sonst nichts mehr.

Ihre Beziehungen zum lieben Gott, einmal wieder aufgenommen, wurden so gut wie niemals zuvor. Jedenfalls von ihrer Seite.

## 37 Tilmann Moser
## Gottesvergiftung

*»Freut euch, wenn euer Gott freundlicher war.« So beginnt der Autor sein Buch »Gottesvergiftung«. Darin streitet er mit dem Gott seiner Kindheit und Jugend – mit einem Gott, der als unentrinnbare Drohung auf ihm lastete. Das Grundgefühl diesem Gott gegenüber: totale Abhängigkeit und fortwährende Schuld. Bäumt sich der Mensch gegen diesen Tyrannen auf, so wird nur sichtbar, wie verworfen der Zweifler ist! Zweifel aber ist nicht nur Schuld gegenüber Gott, sondern auch gegenüber der Familie. Handlungen und Wertgefüge der Eltern wurden nämlich durchgehend religiös begründet. Zweifel an Gott hätte ihre Art zu leben in Frage gestellt. Zudem: auch die Zuwendung zu ihrem Kind war für die Eltern eine Pflicht, die Gott ihnen aufgetragen hatte. Wie sollte da ein Kind Zweifel an Gott artikulieren? Mußte es nicht Angst haben, dann die Liebe der Eltern zu verlieren? – Zweifel an Gott war also eine doppelte Schuld; über sich selbst, über seine Verworfenheit, mußte man dann erschrecken.*

*Im Rückblick sieht Moser in dieser Gottesvorstellung eine teuflische Geschlossenheit: Ganz gleich, was der Mensch tut: Gott bleibt im Recht. Für den, der zweifelt, wird der Gottesglaube Ursache ständiger Schuldgefühle. Aus der Schuld aber kann nur reumütige Hinwendung zum »gnädigen Gott befreien«.*

Neulich war ich auf einem gruppentherapeutischen Training, und es ging um das Ausmaß von Hemmungen, das jeder mit sich herumträgt. Da fragte der Trainer, welche Sätze uns in unserem Leben am meisten eingeschüchtert hätten. Weißt du, was bei mir zum Vorschein kam als die mich domestizierende, einengende, schachmatt setzende stereotype Phrase: »Was wird der liebe Gott dazu sagen?« Durch diesen Satz war ich früh meiner eigenen inneren Gerichtsbarkeit überlassen worden. Im Grunde mußten die Eltern gar nicht mehr sehr viel Erziehungsarbeit leisten, der Kampf um das, was ich tun und lassen durfte, vollzog sich nicht mit ihnen als menschliche Instanz, mit der es einen gewissen Verhandlungsspielraum gegeben hätte, sondern die »Selbstzucht«, wie das genannt wurde, war mir überlassen, oder besser, der rasch anwachsenden Gotteskrankheit in mir.

Du hast mir dann kaum noch Chancen gelassen, mit mir selbst ein auskömmliches Leben zu führen. Weißt du, welches Wort mich mit einer abenteuerlich tiefen Angst erfüllt hat? *Aussätzigkeit*. Dir ist es doch tatsächlich gelungen, daß ich mich wegen meiner kleinen Durchschnittssünden jahrelang aussätzig fühlte. Und die Aussätzigen auf den biblischen Bildern wurden isoliert, an langen Stangen ließ man ihnen die Mahlzeiten reichen, sie mußten mit Klappern herumlaufen, damit niemand durch sie angesteckt wurde.

Über seelische Vorgänge, gar über Ängste, wurde in unserer Familie nicht geredet. So war ich deinem Wüten in mir ausgeliefert und hatte nicht einmal den Gedanken daran, daß es irgendwo Entlastung geben könnte. Dein Hauptkennzeichen für mich ist Erbarmungslosigkeit. Du hattest so viel an mir verboten, daß ich nicht mehr zu lieben war. Deine Bedingungen waren zu hoch für mich, und niemand hat sie gemildert, weil von einem bestimmten Punkt an nicht mehr davon die Rede war. Ich habe dich flehentlich gebeten, mich auf die Seite der »Schafe« zu nehmen, doch ich wußte, daß ich zu den »Böcken« gehörte. Es war mir als Kind so selbstverständlich, daß die Welt, die jetzige und die spätere, aus Geretteten und aus Verdammten bestand; das Fürchterliche war nur, daß ich, wie es auf manchen Bildern zu sehen ist, immer über dem Abgrund der Verdammnis hing und niemals wußte, wie lange der schmale Steg noch halten würde, der mich trug. Als im Religionsunterricht die Prädestinationslehre besprochen wurde, nach der es durch deinen unerforschlichen Ratschluß den Menschen von Anbeginn an bestimmt ist, ob sie zu den Geretteten oder den Verdammten gehören, überfiel mich eine entsetzliche Lähmung, weil alles ausweglos erschien. Mich faszinierte es, wie viele Mittel meinen katholischen Schulfreunden gelassen wurden, um sich doch noch zu retten, um Ablaß zu erhalten. Ich lauschte oft atemlos ihren Berechnungen, wenn sie, vor und nach der Kommunion, ihre Sünden und die Strafen und die Wiedergutmachungsforderungen berechneten, und wenn ihnen die Lage *nicht* aussichtslos erschien.

...

Seit dieser Niederschrift ist ein Jahr vergangen, und sie hat mich tatsächlich ein Stück geheilt von dir. Ich habe sogar einige Seiten an dir neu entdeckt, für die ich dir dankbar bin. Das jahrelange Ringen mit dir früher hat mich stärker gemacht, mir ein Gefühl von innerer Kontinuität und seelischem Zusammenhang gebracht. Manchmal – so sehe ich es heute – war die Illusion auch wichtig, daß du mich siehst oder kennst. Die Menschen um mich her haben zu wenig von mir verstanden, oder ich konnte mich ihnen nicht verständlich genug machen, um nicht froh über die Fiktion zu sein, daß du in mir Bescheid wüßtest. Auch die Gespräche mit einem Toten können nützlich sein, wenn er so gegenwärtig ist wie du es warst und man vorübergehend annimmt, er interessiere sich für die eigene Person.

Manches in mir ist durch dich erst innerlich zusammengesetzt worden, sagen wir einmal: das Gefühl der Identität, der Wirklichkeit vieler Gefühle und Gedanken, oder überhaupt: die innere Dimension, die Seele, der innere Raum, das Bewußtsein, daß innen genausoviel Welt ist wie außen. Anderes hast du auf eine schreckliche Weise auseinandergeteilt, am schlimmsten: den Körper und die Seele. Tiefe Brüche hast du da angerichtet, quer durch die eigene Natur, so daß sie kaum noch zu handhaben war. Aber ich wollte dir ja sagen, inwieweit du, die große Krankheit, auch dein Gutes gehabt hast: Dich überstanden zu haben gibt mir Selbstbewußtsein;

von der riesigen Krücke nicht erschlagen worden zu sein, ein Gefühl von Kraft. Zutrauen werde ich nie mehr zu dir haben können. Aber ich weiß auch, daß du anderen freundlicher begegnet bist. Soweit sie dich brauchen, um nicht *noch* mehr zu leiden, werde ich nicht *gegen* dich sprechen. Es genügt mir, daß *ich* dich nicht mehr brauche. Wieviel Gewicht dir andere belassen wollen, darin will ich ihnen nicht dreinreden.

Aber was wird an deine Stelle treten, die riesigen Leerstellen füllen, wo du dich ausgebreitet hattest? Nicht alle müssen gefüllt werden. Das Haus kann schrumpfen, es war unnötig groß. Und was du für dich an wunderbaren Eigenschaften gepachtet hattest, werde ich bei den Menschen wiederfinden. Wenn ich in manche Gesichter sehe, empfinde ich keinen Verlust mehr, und menschliche Gesichter werden deines ersetzen, weil deines unmenschlich war. Meine Augen lernen sehen, seit du mir nicht mehr den Horizont verdunkelst.

## 38 »Die Wahrheit, die frei macht...«
## Ein Streitgespräch

*A:* Ich bin zu der Einsicht gekommen, daß das Leben sinnlos ist.

*B:* Woher weißt du das?

*A:* Nun, ich sehe es jeden Tag: das liebt sich, das ärgert sich, das vermehrt sich, das stirbt. Und alles vergeht und war umsonst.

*B:* Aber die Gewißheit, daß das Leben sinnlos ist, die scheint dir wichtig.

*A:* Ja. Sie war für mich das Ende der Illusion. Ich habe dadurch Abstand von der sinnlosen Betriebsamkeit bekommen. Ich bin freier und ehrlicher geworden. Ich mache mir nichts mehr vor.

*B:* Ein Leben, das frei und ehrlich ist und das sich fern hält vom sinnlosen Trubel, das scheint dir sinnvoll zu sein.

*A:* Aber gewiß.

*B:* Damit gestehst du zu, daß das Leben einen Sinn braucht und daß es einen Sinn haben kann. Du widersprichst deiner anfänglichen Behauptung.

*A:* Jetzt hast du mir einen Strick gedreht; das ist unfair! Wenn ich ein freies und wahrhaftiges Leben führen will, dann geht das für mich eben nur, weil ich auf Ideologien und Weltanschauungen verzichte. Ich will nicht glauben, was ich nicht erfahre.

*B:* Einverstanden. Du willst also nicht, daß eine Ideologie, daß ein Glaube den Menschen betrügt. Die Wahrheit, so meinst du, macht den Menschen frei.

*A:* Ja, aber sei vorsichtig: ich meine damit eine nüchterne Wahrheit, die sich nicht festlegt, die offen bleibt auf neue Einsicht; eine Wahrheit, die keine letzten Instanzen und Sicherheiten kennt – wie »Gott« oder »die klassenlose Gesellschaft«.

*B:* Gut. Du verlangst also nach einer Wahrheit, die den Menschen in seiner Unverstehbarkeit gelten läßt. Und diese Wahrheit macht den Menschen freier und redlicher. Bist du auch bereit, für diese illusionslose Wahrheit zu streiten?

*A:* Ja, gewiß!

*B:* Dann aber hast du entschieden, daß das Leben einen Sinn hat; daß es Anspruch hat auf eine Wahrheit, die den Menschen zu sich selber befreit. Und diese Wahrheit, die den Menschen zu sich selber befreit, nenne ich – trotz deines Einspruchs – Gott.

*A:* Und das ärgert mich an dir: du vereinnahmst mich auch dort, wo ich dir mit aller Entschiedenheit widersprechen will. Ich will Atheist bleiben und nicht von dir bekehrt werden.

# Martin Buber
## Aus den ›Erzählungen der Chassidim‹

*Das Judentum kennt – wie andere Religionen auch – mehrere mystische Bewegungen. Charakteristisch für mystische Weltdeutung ist das Streben nach ganzheitlicher Erfahrung. Der Vorgang der Erkenntnis kann (vereinfacht) verstanden werden als Beziehung zwischen einem erkennenden Subjekt (Mensch) und einem erkannten Objekt (Welt, Natur, Gott). Diese »objektive« Geisteshaltung wird problematisch, wenn es um Inhalte geht, die existentielle Bedeutung haben: einen geliebten Menschen, Spiel und Kunst, aber auch Gott kann man nicht allein durch objektive Erkenntnis verstehen.*
*Die jüdisch-mystische Bewegung des Chassidismus versucht daher, die Unmittelbarkeit religiöser Erfahrung darzustellen. In Geschichten, wie sie seit dem 18. Jahrhundert mündlich überliefert wurden, wird von solchen Gotteserfahrungen erzählt. Martin Buber hat Teile dieses Traditionsguts gesammelt und 1949 in Nachdichtungen veröffentlicht.*

### 39/1 Die fünfzigste Pforte
Ein Schüler Rabbi Baruchs hatte, ohne seinem Lehrer davon zu sagen, der Wesenheit Gottes nachgeforscht und war im Gedanken immer weiter vorgedrungen, bis er in ein Wirrsal von Zweifeln geriet und das bisher Gewisseste ihm unsicher wurde. Als Rabbi Baruch merkte, daß der Jüngling nicht mehr wie gewohnt zu ihm kam, fuhr er nach dessen Stadt, trat unversehens in seine Stube und sprach ihn an: »Ich weiß, was in deinem Herzen verborgen ist. Du bist durch die fünfzig Pforten der Vernunft gegangen. Man beginnt mit einer Frage, man grübelt, ergrübelt ihr die Antwort, die erste Pforte öffnet sich: in eine neue Frage. Und wieder ergründest du sie, findest ihre Lösung, stößest die zweite Pforte auf – und schaust in eine neue Frage. So fort und fort, so tiefer und tiefer hinein. Bis du die fünfzigste Pforte aufgesprengt hast. Da starrst du die Frage an, die kein Mensch erreicht; denn kennte sie einer, dann gäbe es nicht mehr die Wahl. Vermissest du dich aber, weiter vorzudringen, stürzest du in den Abgrund.«
»So müßte ich also den Weg zurück an den Anfang?« rief der Schüler. »Nicht zurück kehrst du«, sprach Rabbi Baruch, »wenn du umkehrst; jenseits der letzten Pforte stehst du dann, und stehst im Glauben.«

### 39/2 Das Versteckspiel
Rabbi Baruchs Enkel, der Knabe Jechiel, spielte einst mit einem anderen Knaben Verstecken. Er verbarg sich gut und wartete, daß ihn sein Gefährte suche. Als er lange gewartet hatte, kam er aus dem Versteck; aber der andere war nirgends zu sehen. Nun merkte Jechiel, daß jener ihn von Anfang an nicht gesucht hatte. Darüber mußte er weinen, kam weinend in die Stube seines Großvaters gelaufen und beklagte sich über den bösen Spielgenossen. Da flossen Rabbi Baruch die Augen über, und er sagte: »So spricht Gott auch: ›Ich verberge mich, aber keiner will mich suchen.‹«

### 39/3 Der heisere Vorbeter
In der Gemeinde Levi Jizchaks war ein Vorbeter heiser geworden. Er fragte ihn: »Wie kommt es, daß Ihr heiser seid?« – »Das ist«, antwortete er, »weil ich vor dem Pult gebetet habe.« – »Ganz recht«, sagte der Rabbi, »wenn man vor dem Pult betet, wird man heiser; aber wenn man vor dem lebendigen Gott betet, wird man nicht heiser.«

# 40 Friedrich Nietzsche
# Der Tod Gottes wird ausgerufen

*Obwohl in einem protestantischen Pfarrhaus aufgewachsen, erzogen
zur Frömmigkeit und Nächstenliebe, wird Nietzsche zu einem der
leidenschaftlichsten Kritiker des Christentums im 19. Jahrhundert. Dem
christlichen Glauben wirft er die verhängnisvolle Aufteilung der Welt in
ein Diesseits und Jenseits vor, die einen Widerspruch ins Dasein
hineininterpretiere und dadurch den Menschen der Erde entfremde. Die
christliche Ethik als eine Ethik des Mitleids, der Nächstenliebe und der
Askese klagt er als »Sklavenmoral« an, die den natürlichen Willen zum
unmittelbaren und ungeteilten Dasein breche und den Menschen mit
sich selbst entzweie. – Sehnsüchtiger Traum Nietzsches ist der »Über-
mensch«, der Mensch der Zukunft, der frei und willensmächtig, im
Einklang mit sich und in Treue zur Erde sein Dasein lebt. Diesem Ideal
menschlicher Selbstverwirklichung stand der christliche Gott im Wege.*

*Der tolle Mensch.* – Habt ihr nicht von jenem tollen Menschen gehört, der am hellen
Vormittage eine Laterne anzündete, auf den Markt lief und unaufhörlich schrie:
»Ich suche Gott! Ich suche Gott!« – Da dort gerade viele von denen zusammenstan-
den, welche nicht an Gott glaubten, so erregte er ein großes Gelächter. Ist er denn
verlorengegangen? sagte der eine. Hat er sich verlaufen wie ein Kind? sagte der
andere. Oder hält er sich versteckt? Fürchtet er sich vor uns? Ist er zu Schiff
gegangen? ausgewandert? – so schrien und lachten sie durcheinander. Der tolle
Mensch sprang mitten unter sie und durchbohrte sie mit seinen Blicken. »Wohin ist
Gott?« rief er, »ich will es euch sagen! Wir haben ihn getötet – ihr und ich! Wir alle
sind Mörder! Aber wie haben wir dies gemacht? Wie vermochten wir das Meer
auszutrinken? Wer gab uns den Schwamm, um den ganzen Horizont wegzuwischen?
Was taten wir, als wir diese Erde von ihrer Sonne losketteten? Wohin bewegt sie sich
nun? Wohin bewegen wir uns? Fort von allen Sonnen? Stürzen wir nicht
fortwährend? Und rückwärts, seitwärts, vorwärts, nach allen Seiten? Gibt es noch
ein Oben und Unten? Irren wir nicht wie durch ein unendliches Nichts? Haucht uns
nicht der leere Raum an? Ist es nicht kälter geworden? Kommt nicht immerfort die
Nacht und mehr Nacht? Müssen nicht Laternen am Vormittage angezündet werden?
Hören wir noch nichts von dem Lärm der Totengräber, welche Gott begraben?
Riechen wir noch nichts von der göttlichen Verwesung? – auch Götter verwesen!
Gott ist tot! Gott bleibt tot! Und wir haben ihn getötet! Wie trösten wir uns, die
Mörder aller Mörder? Das Heiligste und Mächtigste, was die Welt bisher besaß, es
ist unter unsern Messern verblutet – wer wischt dies Blut von uns ab? Mit welchem
Wasser könnten wir uns reinigen? Welche Sühnefeiern, welche heiligen Spiele
werden wir erfinden müssen? Ist nicht die Größe dieser Tat zu groß für uns? Müssen
wir nicht selber zu Göttern werden, um nur ihrer würdig zu erscheinen? Es gab nie
eine größere Tat – und wer nur immer nach uns geboren wird, gehört um dieser Tat
willen in eine höhere Geschichte als alle Geschichte bisher war!« – Hier schwieg der
tolle Mensch und sah wieder seine Zuhörer an: auch sie schwiegen und blickten
befremdet auf ihn. Endlich warf er seine Laterne auf den Boden, daß sie in Stücke
sprang und erlosch. »Ich komme zu früh«, sagte er dann, »ich bin noch nicht an der
Zeit. Dies ungeheure Ereignis ist noch unterwegs und wandert – es ist noch nicht bis
zu den Ohren der Menschen gedrungen. Blitz und Donner brauchen Zeit, das Licht
der Gestirne braucht Zeit, Taten brauchen Zeit, auch nachdem sie getan sind, um
gesehen und gehört zu werden. Diese Tat ist ihnen immer noch ferner als die fernsten
Gestirne und doch haben sie dieselbe getan!« – Man erzählt noch, daß der tolle
Mensch desselbigen Tages in verschiedene Kirchen eingedrungen sei und darin sein
Requiem aeternam deo angestimmt habe. Hinausgeführt und zur Rede gesetzt, habe
er immer nur dies entgegnet: »Was sind denn diese Kirchen noch, wenn sie nicht die
Grüfte und Grabmäler Gottes sind?«

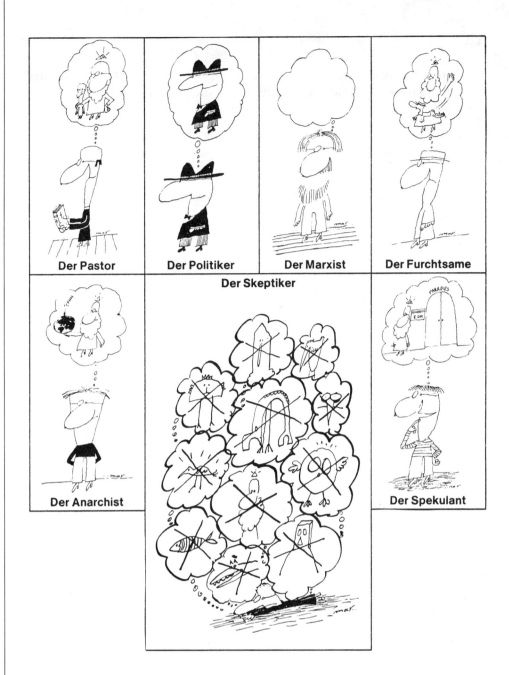

Der Pastor · Der Politiker · Der Marxist · Der Furchtsame · Der Skeptiker · Der Anarchist · Der Spekulant

## 41 Théodore Jouffroy
## Aphorismen

*Der Franzose Théodore Jouffroy (1796–1842) steht in seiner ersten Lebenshälfte unter zwei gegensätzlichen Einflüssen: das erste Drittel des 19. Jahrunderts wird in Frankreich geprägt von einer fast schwärmerischen Wiederentdeckung der Religion. Der militant-antikirchliche Charakter der französischen Aufklärung und Revolution scheint erschöpft und im Rückschlag dazu werden die Kräfte des Gemüts und der Religion wieder geschätzt. Jouffroy, der in seiner Jugend diesen Zeitgeist lebhaft aufnimmt, wird aber an der École Normale in Paris auch mit dem Gegenstrom der neuzeitlichen Geistesgeschichte bekannt: mit der kritisch liberalen Philosophie, die der Freiheit und Autonomie des menschlichen Verstandes unbeirrt das Wort redete.*

*Aus beiden Einflüssen entwickelt sich für Jouffroy eine unkirchliche Frömmigkeit. Er will gläubig und religiös leben, aber ohne kirchliches Dogma und ohne Teilnahme am kirchlichen Leben.*

**41/1**

IV

Die Natur ist das Antlitz und der Akt Gottes. Es ist Gott, der in der Weide weint, der seufzt im Abendwind, der im Gewitter fliegt und triumphiert.

IX

Es ist ganz nah von der Naturliebe zu der Erkenntnis Gottes; deswegen sind die Dörfer frömmer als die Städte.

X

Wenn ich einen Gottlosen bekehren wollte, würde ich ihn in eine Wüste verbannen.

**41/2**

XXXI

Es gibt zwei Definitionen Gottes: die des Herzens und die des Geistes. Die des Geistes ist nicht wert, daß man sich ihretwegen Gedanken macht, denn man könnte nicht definieren, was man nicht begreift. Was das Herz angeht, so nennt es Gott, was ihm fehlt, und diese Definition hat nicht nur den Wert, wahr zu sein, sie hat noch den, daß jedermann sie versteht.

XXXII

Da Gott ist, was uns fehlt, ist Gott der wahre Gegenstand der Liebe.

XXXIII

Man sieht daraus, wie richtig wir sprechen, wenn wir die Gegenstände unserer Liebe göttlich nennen: in der Tat, sie gefallen uns und wir lieben sie, weil wir in ihnen einen Teil dessen finden, was uns fehlt, d. h. von Gott.

XLIII

Wenn wir wüßten, was uns fehlt, hätten wir eine genaue Vorstellung von Gott und seiner Vollkommenheit, vom Paradies und vom Glück; aber wir wissen es nicht. Gott hat uns groß genug gemacht, als er uns das Gefühl und die Erkenntnis unserer Unvollkommenheit gab; das ist genug, um ihn zu lieben und um zu glauben. Was uns fehlt, existert, weil es uns fehlt, und wir werden haben, was uns fehlt, weil wir geschaffen sind, es zu wünschen und zu lieben.

XLV

Unser Leben vergeht mit der Suche nach Gott, denn es vergeht mit der Suche nach dem, was uns fehlt.

**42**

## Max Frisch
## Hoffen auf eine absolute Instanz

*»Ich bin nicht Stiller.« Mit diesem Satz beginnt ein Roman von Max Frisch. Und dann wird die Geschichte eben dieses Ludwig Anatol Stiller erzählt, der sich weigert, er selbst zu sein. – Darum geht es: Wie kann der Mensch sich selbst annehmen? Wie kann er seine Identität erwerben und wahren? Wie kann man der Tatsache zustimmen, daß man leben muß? Der Roman entwickelt dafür keine einfachen Antworten. Dies zeigt schon die Geschichte Stillers: Durch Gerichtsbeschluß muß seine Identität festgestellt werden. Damit ist er verurteilt, er selbst zu sein. Dennoch bleibt die Frage, ob dieses Urteil angenommen wird.*

»Ich sehe Stiller nicht als Sonderfall«, sagt mein Staatsanwalt. »Ich sehe einige meiner Bekannten und mich selbst darin, wenn auch mit anderen Beispielen von Selbstüberforderung... Viele erkennen sich selbst, nur wenige kommen dazu, sich selbst auch anzunehmen. Wieviel Selbsterkenntnis erschöpft sich darin, den andern mit einer noch etwas präziseren und genaueren Beschreibung unserer Schwächen zuvorzukommen, also in Koketterie! Aber auch die echte Selbsterkenntnis, die eher stumm bleibt und sich wesentlich nur im Verhalten ausdrückt, genügt noch nicht, sie ist ein erster, zwar unerläßlicher und mühsamer, aber keineswegs hinreichender Schritt. Selbsterkenntnis als lebenslängliche Melancholie, als geistreicher Umgang mit unserer früheren Resignation ist sehr häufig, und Menschen dieser Art sind für uns zuweilen die nettesten Tischgenossen; aber was ist es für sie? Sie sind aus einer falschen Rolle ausgetreten, und das ist schon etwas, gewiß, aber es führt sie noch nicht ins Leben zurück... Daß die Selbstannahme mit dem Alter von selber komme, ist nicht wahr. Dem Älteren erscheinen die früheren Ziele zwar fragwürdiger, das Lächeln über unseren jugendlichen Ehrgeiz wird leichter, billiger, schmerzloser; doch ist damit noch keinerlei Selbstannahme geleistet. In gewisser Hinsicht wird es mit dem Alter sogar schwieriger. Immer mehr Leute, zu denen wir in Bewunderung emporschauen, sind jünger als wir, unsere Frist wird kürzer und kürzer, eine Resignation immer leichter in Anbetracht einer doch ehrenvollen Karriere, noch leichter für jene, die überhaupt keine Karriere machten und sich mit der Arglist der Umwelt trösten, sich abfinden können als verkannte Genies... Es braucht die höchste Lebenskraft, um sich selbst anzunehmen... In der Forderung, man solle seinen Nächsten lieben wie sich selbst, ist es als Selbstverständlichkeit enthalten, daß einer sich selbst liebe, sich selbst annimmt, so wie er erschaffen worden ist. Allein auch mit der Selbstannahme ist es noch nicht getan! Solange ich die Umwelt überzeugen will, daß ich niemand anders als ich selbst bin, habe ich notwendigerweise Angst vor Mißdeutung, bleibe ihr Gefangener kraft dieser Angst... Ohne die Gewißheit von einer absoluten Instanz außerhalb menschlicher Deutung, ohne die Gewißheit, daß es eine absolute Realität gibt, kann ich mir freilich nicht denken«, sagt mein Staatsanwalt, »daß wir je dahin gelangen können, frei zu sein.«

PS
Absolute Instanz? Absolute Realität? Warum sagt er nicht ›Gott‹? Er meidet dieses Wort, scheint mir, mit bewußter Sorgfalt. Nur mir gegenüber?

---

## 43 Marie Luise Kaschnitz
## Schnee

---

...
Ihr mögt mich schelten sagt die Liebende
Aber mein Gott war sterblich
Hatte Hunger und Durst wie alle.
Bettete sein Haupt
Vergrub sich in meine Lenden
Wanderte irrte kam wieder
Der schreiende Heiland.
Ihr mögt mich schelten sagt die Liebende
Aber ich wußte was Gnade ist.
Seine Worte verloren ihr Salz nicht
Ein Leben lang
Seine Hände nicht ihre Kraft
Seine Lippen nicht ihre Süße.

*Wie kann man angesichts der Leiden Unschuldiger von einem gütigen Schöpfergott sprechen? Seit die Menschen an einen Gott glauben, ist diese Frage bis heute nicht verstummt. In Israels leidvoller Geschichte drängte sie sich immer wieder auf. Im Buch Ijob verdichten sich hohlspiegelartig die verschiedenen Versuche, damit fertig zu werden.*

*Die Dichtung des Ijobbuches ist wie ein Volksbuch über Jahrhunderte zusammengetragen worden. Einzelne Wachstumsringe lassen sich deutlich herausschälen. So kann man eine ältere Rahmenerzählung in Prosa (1,1–2,10 und 42,11–17) von sehr viel jüngeren Dialogreihen Ijobs mit seinen Freunden (3–42,10) und den Gottesreden (38–41) abheben.*

*In der* Rahmenerzählung *wird Ijobs Frömmigkeit von einem himmlischen Staatsanwalt in Frage gestellt. Die Unschuld des anfechtungslos in Gott Geborgenen (2,10) wird von Gott bestätigt; der wiederholt Geprüfte wird in allen Ehren wiederhergestellt (42,7–17). Leider hat sich (fast ausschließlich) dieses Ijobbild den Menschen eingeprägt.*

*Ein ganz anderes Bild entwerfen die* Dialoge, *welche Ijobs Klagen auf der einen und den Zuspruch der drei Freunde auf der anderen Seite enthalten. Ihre theoretischen und praktischen Vorschläge zur Lösung der Theodizeefrage\* sind konventionell, doch immer wieder zu hören: 1. Alle Menschen sind Sünder vor Gott, 2. Gott straft die Sünder, so daß ihr Ergehen ihrem Tun entspricht, 3. Der Mensch (Ijob) ist zur Buße durch seine Leiden aufgefordert.*

*Die Ijobgestalt der Dialoge kann sich mit solchen Antworten nicht abfinden. Dieser Ijob ereifert sich, er möchte in Gottes Pläne hineinsehen. Er wird zum Einzelgänger und gerät in einen Abgrund von Verlassenheit, die ihn bis zur Lästerung Gottes führt, der ihm zum Feind geworden ist. Gleichzeitig aber drängt er zu einem Gott hin, der ihm als Freund entgegentritt und ihn rechtfertigt. – Die Texte (44/1–4) geben einen Einblick in die verschiedenen Phasen des Prozesses, den Ijob mit Gott führt.*

*Der dritte* Gesprächspartner, *um dessen Glaubwürdigkeit es letztlich geht, ergreift erst ganz am Ende das Wort (Text 44/5). Die Gottesreden bringen Ijobs Ringen um das Bild Gottes zum Höhepunkt und Abschluß. Sie zeigen die Grenzen seines Weltverständnisses auf, indem sie Gottes Fürsorge für die ganze Schöpfung eindringlich darstellen. Ijobs Fragen aber werden so nur indirekt beantwortet, wenn er in einer Flut von Gegenfragen vor immer neue und größere Rätsel gestellt wird: Wo warst du... Wer bist du...?*

*Ijob setzt seine Klagen nicht ad infinitum fort. Er erkennt, indem er bekennt: »Ich hatte von dir nur vom Hörensagen vernommen; aber nun hat mein Auge dich gesehen« (42,5).*

**44/1**

Ich bin im Recht, ich sehe mein Leben nicht an,
ich verachte mein Dasein. *(9,21)*

So wahr Gott lebt, der mir meine Rechte entzog,
und der Allmächtige, der mich verbittert,
fürwahr, meine Lippen reden nichts Schlechtes,
und meine Zunge spricht keinen Trug.
Fern sei es mir, euch recht zu geben;

bis ich verscheide, gebe ich mein Recht nicht preis;
an meiner Unbescholtenheit halte ich fest und gebe sie nicht auf,
mein Gewissen schmäht keinen meiner Tage.                          (27,2.4–6)

Fürwahr, er kennt den Weg auf dem ›ich stehe‹.
Würde er mich prüfen, ich ginge wie Gold hervor.
Mein Fuß hielt sich an seinen Schritt,
seinen Weg bewahrte ich und bog nicht ab.
Vom Gebot seiner Lippen wich ich nicht ab,
die Worte seines Mundes barg ich im Busen.                        (23,10–12)

## 44/2

Ich hingegen will zum Allmächtigen reden,
und mit Gott zu rechten, das wäre mein Begehr.                     (13,3)

Ich nehme mein Fleisch in meine Zähne
und lege mein Leben in meine Hand.
Mag er mich töten, ich habe nichts zu hoffen;
nur meine Wege möchte ich ihm ins Angesicht darlegen.             (13,14 f)

Wüßte ich doch, wie ich ihn finden könnte,
wie ich zu seiner Stätte käme!
Darlegen wollte ich vor ihm das Recht
und meinen Mund mit Beweisen füllen.
Ich erführe die Worte, die er mir erwidern,
ich vernähme, was er mir sagen würde.                             (23,3–5)

## 44/3

Es ist alles eins, darum sage ich:
recht oder schuldig – er vertilgt.
Wenn die Geißel plötzlich tötet,
spottet er der Angst der Schuldlosen.
Wenn ich mich mit Schnee wüsche
und meine Hände mit Lauge reinigte,
dann würdest du mich in den ›Kot‹ tauchen,
daß meine Kleider sich vor mir ekelten.                           (9,22 f.30 f)

Geht er an mir vorüber, ich sehe ihn nicht;
geht er vorbei, ich merke es nicht.
Wenn er hinwegrafft, wer kann ihm wehren;
wer kann zu ihm sagen: Was tust du da?                            (9,11–12)

## 44/4

Sein Zorn zerriß und befeindete mich,
er knirscht über mir mit den Zähnen,
Mein Gegner wetzt seine Augen gegen mich.
Ungestört lebte ich, da zerschmetterte er mich.
Er stellte mich als Zielscheibe auf.
Seine Geschosse umschwirren mich,
ohne Mitleid spaltet er meine Nieren
und schüttet meine Galle zur Erde.
Bresche über Bresche bricht er mir;
wie ein Kriegsheld läuft er gegen mich an.
Den Trauerschurz nähte ich um meine Haut
und senkte mein Horn in den Staub.
Mein Angesicht glüht vom Weinen,
und tiefes Dunkel liegt auf meinen Wimpern,
obwohl kein Unrecht an meinen Händen
und mein Gebet lauter ist.                                        (16,9–17)

**44/5**

Wer ist es, der den Ratschluß verdunkelt mit Gerede ohne Einsicht? (38,2)

Willst du wirklich mein Recht zerbrechen,
mich schuldig sprechen, damit du recht behältst? (40,8)

## 45 Paul Celan
## Tenebrae[1]

*Eine doppelte Last liegt über Leben und Werk des Dichters Paul Celan: daß der Mensch in der Fremde lebt und daß er leidet.*
*Diese Erfahrung spiegelt sich auch in seiner Biographie: In Czernowitz/ Bukowina (Südpolen) wird er 1920 geboren. In doppelter Hinsicht bleibt Celan hier fremd: Unter Polen wächst er als Deutscher auf, unter Christen als Jude. 1940 wird Czernowitz von den Sowjetrussen besetzt, 1941 von deutschen und rumänischen Truppen. Die Juden der Stadt werden deportiert; Celans Eltern kommen in einem Vernichtungslager um. Er selbst überlebt in einem rumänischen Arbeitslager. 1944 wird die Bukowina wieder sowjetisch; Celan nimmt in seiner Heimat das Studium der Romanistik wieder auf. 1945 siedelt er nach Rumänien über und schreibt erste Gedichte für eine deutsche Kulturzeitschrift, die jedoch nur einmal erscheint. 1947 wandert er nach Wien aus, 1948 nach Paris. Dort bleibt er, schreibt Gedichte nur in deutscher Sprache. Ende April 1970 scheidet er durch Freitod aus dem Leben.*

Nah sind wir, Herr,
nahe und greifbar.

Gegriffen schon, Herr,
ineinander verkrallt, als wär
der Leib eines jeden von uns
dein Leib, Herr.

Bete, Herr
bete zu uns,
wir sind nah.

Windschief gingen wir hin,
gingen wir hin, uns zu bücken
nach Mulde und Maar.

Zur Tränke gingen wir, Herr.

Es war Blut, es war,
was du vergossen, Herr.

Es glänzte.

Es warf uns dein Bild in die Augen, Herr.
Augen und Mund stehen so offen und leer, Herr.

Wir haben getrunken, Herr.
Das Blut und das Bild, das im Blut war, Herr.

Bete, Herr.
Wir sind nah.

[1] *Tenebrae:* [lat.] Finsternis, Blindheit, Todesdunkel

# Anregungen und Arbeitsvorschläge

## Zu Text 2

1. Welche Methoden verwenden die Reisenden, um den Gärtner (Gott) nachzuweisen? – In welchen Forschungsbereichen werden analoge Methoden angewendet?
2. Flew verwendet in dieser Parabel für Gott das Bild des Gärtners. Welches Verhältnis zwischen Gott und der Welt ist damit vorausgesetzt? – Könnten Sie eine Vorstellung von Gott skizzieren, für die das Bild des Gärtners nicht passen würde?
3. Vergleichen Sie diese Erzählung mit den Aphorismen in Text 41.

## Zu Text 3

1. Eggimann verneint unterschiedliche Gottesbilder. Versuchen Sie diese in Gruppen zusammenzufassen.
2. Welche Gottesvorstellungen stehen für Eggimann im Dienst sehr konkreter Interessen?
3. Welche Funktion haben die beiden letzten Zeilen?

## Zu Text 4

1. Welches Verhältnis zwischen Gott und Menschen impliziert das Bild vom Messer? Welche Beziehung zwischen dem einzelnen und Gott stellt sich demnach ein?
2. Charakterisieren Sie, wie der Text den entscheidenden Irrtum der Gläubigen darstellt.
3. Vergleichen Sie die Gottesvorstellung dieses Textes mit dem Gottesbild in der Parabel von Text 2.
4. Der zweite Abschnitt des Textes versucht, Konsequenzen aus den Irrtümern der Menschen zu ziehen. Versuchen Sie inhaltlich zu bestimmen, worin die Konsequenzen bestehen.

## Zu Text 5

1. Warum kann es nach Luther keinen gottlosen Menschen geben?
2. Wie sind Wahrheit und Irrtum im religiösen Suchen des Menschen vereint? Wie gelangt der Mensch vom Abgott zu Gott?
3. Deuten Sie Luthers Satz »Das Trauen und Glauben des Herzens macht beide, Gott und Abgott« psychologisch und vergleichen Sie dann dazu Text 13/1. Wo liegen die Unterschiede in der Erklärung des Gottesglaubens?

## Zu Text 6

1. Broch radikalisiert in seinem Gedicht das Bilderverbot. Welche Wege zum »Unbekannten« sieht der Dichter versperrt? Klären Sie den Argumentationsverlauf.
2. Welche sprachlichen und stilistischen Gestaltungsmittel setzt der Dichter ein? Welche Intention wird dahinter erkennbar? Welche Wirkung erzielt er damit beim Leser?
3. Wenn »Das Unbekannte« nicht erfaßt werden kann –, welche Art der Existenz kann ihm dann zugeschrieben werden? Und wie findet der Mensch Kontakt zu ihm?
4. Was könnte die Aufforderung »Schütze deine Erkenntnis!« bedeuten?
5. Vergleichen Sie Argumentation, Stil und Inhalt mit dem Text 3. Ziehen Sie zum Vergleich auch die biblischen Texte Exodus 3,13–15 und 33,12–23 heran.

## Zu Text 8

1. Auf welchem Wege nähert sich Augustinus Gott? Welche Antwort erhält er? Wie verhalten sich Fragen und Antwort zueinander?
*Mögliches Referat:* Zeigen Sie an den »Bekenntnissen«, auf welchen verschiedenen Wegen Augustinus Gott suchte. Vergleichen Sie diese miteinander.

## Zu den Texten 9–11

1. Stellen Sie das Denkschema der ersten vier »Wege« des Thomas zeichnerisch (durch ein Diagramm) dar!

2. Was haben der vierte »Weg« des Thomas und der ontologische Gottesbeweis des Anselm gemeinsam?
3. Anselm argumentiert, daß Gott existieren muß, weil er denknotwendig ist. Wie beurteilen Sie diese Argumentationsweise?
4. Anselms philosophische Argumentation ist eingerahmt von Gebetstexten. Wie erklären Sie diesen »Stilbruch«?
5. Vergleichen Sie den Gedankengang des teleologischen Gottesbeweises und die Erfahrungen, die ihn begründen, mit den Klagen Ijobs (Text 44).
6. Vergleichen Sie das Weltbild der Gottesbeweise mit Ihnen bekannten Entwürfen der Naturwissenschaft hinsichtlich der Weltentstehung und Entwicklung des Lebens.
7. »Der Hintergrund des biblischen Gottesbildes ist die Geschichte, der Hintergrund der Gottesbeweise die Metaphysik.« Erläutern Sie diese These.
8. Vergleichen Sie den Glauben an einen Schöpfergott mit der Forderung Kants, daß Gott ein Garant der Sittlichkeit sein soll.
9. Zeigen Sie in den Gottesbeweisen Gefahren für den Glauben auf. Welche Verengung des Glaubens ergeben sich aus einer Überbewertung? Inwiefern fordern sie Gegenbeweise des Atheismus heraus? Welchen positiven Sinn könnten sie trotzdem haben?

## Zu Text 12

1. Welche Auswirkungen hat nach Zahrnt der fortschreitende Prozeß der Aufklärung auf den Gottesglauben?
2. Suchen Sie Beispiele aus ihrem eigenen Erfahrungsbereich, die den Wandel im Bewußtsein des neuzeitlichen Menschen belegen. Ordnen Sie diese Beispiele den vier von Zahrnt analysierten Bereichen zu.
3. Inwiefern begünstigt der fortschreitende Prozeß der Aufklärung atheistische Strömungen? Welche positiven Auswirkungen auf den Gottesglauben könnte er haben?

## Zu Text 13

1. In Text 13/1 gibt Feuerbach eine Erklärung für die Entstehung des Gottesglaubens, in Text 13/2 bewertet er ihn. Vergleichen Sie Erklärung und Bewertung. Welche anderen Bewertungen wären denkbar?
2. Vergleichen Sie den Satz Luthers »Allein das Trauen und Glauben macht beide, Gott und Abgott« (Text 5) mit Feuerbachs These »So verschieden die Wünsche, so verschieden sind die Götter« (Text 13/1). Mit welchem Recht konnte sich Feuerbach auf Luther berufen?
3. Feuerbach stellt einer religiös begründeten Menschenliebe eine nicht-religiös begründete gegenüber (Text 13/2): Der Mensch soll den Menschen um des Menschen willen lieben! Vergleichen Sie damit das christliche Gebot der Nächstenliebe und Lukas 10,25–36.
4. Wie kann die Gottesidee das Verhalten der Menschen beeinflussen, wenn sie als Projektion betrachtet wird? Ersetzen Sie »Gottesidee« durch »Freiheitsidee« und vergleichen Sie.
5. Diskutieren Sie, ob man den Gottesglauben auch ein begründetes Wunschdenken nennen kann?
*Mögliche Referate:* 1. Zeigen Sie auf, wie K. Marx die Religionskritik Feuerbachs aufgenommen und erweitert hat. – 2. Stellen Sie dar, wie S. Freud die Religionskritik Feuerbachs aufgenommen und verändert hat. – 3. Gottfried Keller bezeichnet Feuerbach im »Grünen Heinrich« als Zaubervogel, der den Gottesglauben aus den Herzen von Tausenden weggesungen habe. Stellen Sie die Auswirkungen der Philosophie Feuerbachs am »Grünen Heinrich« dar.

## Zu Text 14

1. Charakterisieren Sie das Gottesbild, gegen das sich Iwan auflehnt.
2. Lesen Sie Kapitel 4 im 5. Buch des Romans ganz, und tragen Sie alle Argumente Iwans in der Theodizeefrage zusammen.
3. Die Gottesbeweise versuchten mit denkerischen Mitteln, sich Gott zu nähern. Vergleichen Sie damit die Beweisführung Iwans. Vergleichen Sie insbesondere Iwans Argumentation mit dem teleologischen Gottesbeweis (Text 9).
4. Charakterisieren Sie Iwan und Alescha (nach Kapitel 4 im 5. Buch). Vergleichen Sie deren Gottesbilder!

## Zu Text 15

1. Versuchen Sie, Sartres Freiheitsverständnis mit eigenen Worten zu umschreiben. Wie wirkt es sich aus a) auf das Menschenverständnis, b) in der Ethik, c) für den Gottesglauben?
2. Für Sartre sind Freiheit und Gottesglaube Alternativen. Erwägen Sie andere Zuordnungen. Vergleichen Sie dazu das Gottesbild eines biblischen Textes (z. B. Gen. 12,1–3, siehe Text 19). Lesen Sie dazu Römer 8,31b–39.
3. Stellen Sie die negativen Attribute Gottes in Text 15/1 zusammen und vergleichen Sie diese mit den positiven Attributen Gottes in den Gottesbeweisen (Text 9 und 10).
*Mögliches Referat:* In seiner Autobiographie »Die Wörter« (rororo 1000) beschreibt J.-P Sartre die Entwicklung seines Verhältnisses zum Gottesglauben, zur Kirche und zur Religion. Stellen Sie diese Entwicklung dar.

## Zu Text 16

1. Das Für und Wider der Argumentationen, ob es einen Gott gibt oder nicht gibt, führt nach Pascal nicht weiter. Die Entscheidung darüber fällt nicht allein die Logik. Zeigen Sie auf, welche Vorstellung von Gott in der Welt bestimmend ist. Bei welcher anderen Gottesvorstellung wäre die Wette nicht aufrechtzuerhalten?
2. Wie überzeugend wirkt das Argument von der Wette in der heutigen Diskussion um den Gottesglauben? Vergleichen und diskutieren Sie die verschiedenen Meinungen und Stellungnahmen.
*Mögliches Referat:* Stellen Sie Pascals Biografie in Grundzügen dar. Achten Sie dabei besonders auf die Abwendung vom »Gott der Philosophen« und die Hinwendung zum »Gott Abrahams, Isaaks und Jakobs«.

## Zu Text 17

1. Pannenberg setzt sich kritisch mit drei Argumentationen des Atheismus auseinander. Charakterisieren Sie kurz nach Pannenberg a) die Projektionstheorie, b) den moralischen Einwand, c) die Ablehnung des Gottesgedankens um der menschlichen Freiheit willen. Vergleichen Sie Pannenbergs Interpretationen mit den Texten 13, 14 und 15.
2. Der Autor versucht, die in Frage 1 genannten Argumentationen zu würdigen, zu relativieren bzw. zu entkräften. Fassen Sie seine Gedankengänge zusammen.
3. Im Zusammenhang mit der Erörterung der Argumentation, welche den Gottesgedanken um der Freiheit des Menschen willen ablehnt (Ziffer 3 im Text), versucht Pannenberg in einem neuen Ansatz so von Gott zu reden, daß Gottesglaube und Freiheitsverständnis eng verbunden sind. Stellen Sie diesen Ansatz dar und besprechen Sie ihn. Ziehen Sie zum Vergleich auch das Gottesbild eines der biblischen Texte (19–26) heran.

## Zu Text 19

1. Vergleichen Sie die beiden Übertragungen.
2. Inwiefern kritisiert der Text die zeitgenössische Politik Israels? (Ziehen Sie die Einführung heran.)
3. Die Erzählung besteht aus zwei Teilen: Aus einer Aufforderung zum Wegzug und einer Verheißung. Offensichtlich ist die Verheißung daran geknüpft, daß Abraham alles verläßt. Welche menschlichen Erfahrungen spiegeln sich somit in dieser Erzählung? Welche Formen hat die Trennung von Heimat und Familie? Welche Wirkungen kann sie für einen Menschen haben?
4. Vergleichen Sie die biblische Erzählung mit der folgenden Kurzgeschichte von Franz Kafka.

*Der Aufbruch*

*Ich befahl mein Pferd aus dem Stall zu holen. Der Diener verstand mich nicht. Ich ging selbst in den Stall, sattelte mein Pferd und bestieg es. In der Ferne hörte ich eine Trompete blasen, ich fragte ihn, was das bedeute. Er wußte nichts und hatte nichts gehört. Beim Tore hielt er mich auf und fragte: »Wohin reitest du, Herr?« »Ich weiß es nicht«, sagte ich, »nur weg von hier, nur weg von hier. Immerfort weg von hier, nur so kann ich mein Ziel erreichen.« »Du kennst also dein Ziel?« fragte er. »Ja«, antwortete ich, »ich sagte es doch: ›Weg-von-hier‹, das ist mein Ziel.« »Du hast keinen Eßvorrat mit«, sagte er. »Ich brauche keinen«, sagte ich, »die Reise ist so lang, daß ich verhungern muß, wenn ich auf dem Weg nichts bekomme. Kein*

*Eßvorrat kann mich retten. Es ist ja zum Glück eine wahrhaft ungeheuere Reise.«*

## Zu Text 20

1. Durch welche Motive wird die Situation Jakobs vor dem Kampf charakterisiert? Was bedeuten sie?
2. Wie charakterisiert der Dialog das Verhältnis zwischen Gott und Jakob? Welche Rolle spielt hierbei der Name?
3. Bedenken Sie das »Ergebnis« des Ringens mit Gott. Welche Erfahrungen des Menschen entsprechen diesem Resultat?

## Zu Text 21

1. Wie wird die Beziehung zwischen Gott und den Propheten in der Berufungsgeschichte (Vers 4–10) charakterisiert?
2. Welche erzählerische Funktion haben die Visionen?
3. Vergleichen Sie die Verse 4–10 mit der Berufung des Mose (Ex 3 und 4), Jesajas (6,1–13) und Ezechiels (Ez 1–3)!
*Mögliche Referate:* Geben Sie einen Überblick über Gliederung und Inhalt des Jeremia-Buches. – Stellen Sie die Geschichte Israels (Judas) zwischen 630 und 587 v. Chr. dar.

## Zu Text 22

1. Arbeiten Sie die Stilmittel heraus, die die Texte charakterisieren.
2. Welche Formen des »Gottesdienstes« stellt Text 22/2 gegeneinander?

## Zu Text 23

1. Unterstreichen Sie im Text die Wiederholungen und analysieren Sie deren Wirkung.
2. Nur der dritte Knecht formuliert ein Urteil über den Herrn. Dabei urteilt er naturgemäß nur aus seiner begrenzten Einsicht. Stellen Sie deshalb die Funktionen des Herrn im Gleichnis zusammen. [Falls Sie das Verfahren aus dem Deutschunterricht kennen: Stellen Sie graphisch die Konfiguration dar] Was fällt Ihnen auf?
3. Mit dem Satz »Nimm teil am Fest, das ich feiere« gewährt der Herr seinem Knecht (= Sklaven) die Freiheit. Analog stößt er den dritten Knecht aus der Gemeinschaft. Beurteilen Sie diese Maßnahmen, und prüfen Sie von da aus die Bedeutung des ersten Abschnitts.

## Zu Text 24

1. Achten Sie auf die Zeitangaben in der ersten Hälfte des Textes. Welche Erwartung wird durch diese Angaben beim Leser geweckt? Welche Wirkung hat damit der zweite Teil des Gleichnisses?
2. Lesen Sie das Streitgespräch zwischen dem Gutsherrn und Wortführer der Murrenden. Welche unterschiedlichen Auffassungen von Gerechtigkeit zeigen sich darin?
3. Der Gutsherr praktiziert eine überraschende Form von Gerechtigkeit. Prüfen Sie, ob es möglich wäre, daraus ein wirtschaftspolitisches Programm zu entwickeln. Was folgt aus diesen Überlegungen für Anspruch und Realitätsbezug des Gleichnisses?

## Zu Text 25

1. »Die Bauleute errichteten das Einfamilienhaus nach den Bauzeichnungen.« Wie unterscheidet sich dieser Satz in der Eindeutigkeit seiner Aussage von der entsprechenden Stelle im Genesis-Zitat? Worin ist sprachlich die Offenheit der biblischen Aussage begründet?
2. Die Briefstelle aus dem Kolosserbrief kann als frühe christliche Deutung der Aussage von der Gottebenbildlichkeit gelten. Wie verändert sich dadurch das Verhältnis zum Alten Testament? Zeigen sie die Auswirkungen für das christliche Glaubensverständnis auf.
3. Vergleichen Sie die Aussage der Bibel mit ihrer Umkehrung: »Der Mensch schuf Gott nach seinem Bild und Gleichnis.« Welche Wirkung für das Selbstverständnis des Menschen hat die jeweilige Aussageform?

## Zu Text 26

1. Analysieren Sie am Text die Reaktion der Zuschauer auf den letzten Satz und den Tod Jesu.
2. Was bedeutet die Aussage des Hauptmanns, wenn man sie als Antwort auf die letzten Worte Jesu versteht?

3. Welche Bedeutung gewinnen die Texte 25 angesichts dieser Darstellung des Todes Jesu?

*Mögliches Referat:* Vergleichen Sie die Darstellung des Todes Jesu in den vier Evangelien.

## Zu Text 27

1. Geben Sie in Stichworten an, welche Elemente – nach Blank – das Gottesverhältnis Jesu prägen.

2. Versuchen Sie zu klären, worin die Unterschiede zwischen der Gottesvorstellung Jesu und der heutigen Problematik des Glaubens an Gott liegen.

## Zu Text 28

1. Den Ansatz der Theologie Barths hat man »dialektisch« genannt. Unterstreichen Sie in Text 28/1 die Begriffspaare, in denen »Dialektik« zum Ausdruck kommt und charakterisieren Sie diese inhaltlich.

2. In Text 28/2 setzt sich Barth kritisch mit Gottesbildern auseinander. Stellen Sie diese zusammen. Vergleichen Sie Barths Bewertung dieser Gottesbilder mit Feuerbachs Religionskritik.

3. Unter welchen Voraussetzungen bleibt die Rede von Gott nach Barth sinnvoll?

4. Vergleichen Sie die dialektischen Begriffspaare in Text 28/1 mit denen in Text 28/2. Begründen Sie aus dem Text die Veränderungen, die Sie dabei feststellen.

## Zu Text 29

1. Versuchen Sie den Grundgedanken des Textes in einer These zusammenzufassen.

2. Vergleichen Sie die Gottesvorstellung dieses Textes mit dem Gottesbeweis von Kant (Text 11).

## Zu Text 30

1. Auf welchem Wege möchte der Autor theologische Aussagen überprüfbar machen? Versuchen Sie, mit Hilfe konzentrischer Kreise den Zusammenhang zwischen der alles bestimmenden Wirklichkeit und endlichen Gegebenheiten deutlich zu machen. Welche Grenzen haben Pannenbergs Bemühungen?

2. Welche Probleme tauchen auf, wenn man bei der Überprüfung der Rede von Gott monotheistisch argumentierende Philosophien und die biblische Rede von Gott zusammennimmt?

3. Zeigen Sie die Beziehungen zwischen Glauben und Wissen in Pannenbergs Verifikationsmodell auf. Vergleichen Sie es mit den Gottesbeweisen in den Texten 9–11.

4. Vergleichen Sie den Text mit Pascals »Wette« (Text 16).

## Zu Text 31

1. Geben Sie die Thesen des Thomas zusammenfassend in einer Darstellung mit eigenen Worten wieder.

2. Welche Thesen leuchten dem heutigen Leser nicht mehr ohne weiteres ein?

3. Vergleichen Sie die Art, wie hier von Gott geredet wird, mit den Texten 19–22 aus dem Alten Testament. Wo liegen die entscheidenden Unterschiede?

4. Vergleichen Sie das Gottesbild des Thomas mit den Aphorismen von Jouffroy (Text 41).

5. Welche Möglichkeiten der Gotteserfahrung gibt es nach diesen Auszügen?

*Mögliche Referate:* Stellen Sie dar, wie bei Plato die Begriffe »Ideen« und »Teilhabe« verwendet werden. – Stellen Sie dar, wie bei Aristoteles das Sein gedacht wird. Klären Sie dabei die Begriffe »Materie«, »Form« und »Substanz«. – Skizzieren Sie die Biographie des Thomas von Aquin und berücksichtigen Sie dabei die geistigen Strömungen in der ersten Hälfte des 13. Jahrhunderts.

## Zu Text 32

1. Charakterisieren Sie das Verhältnis von Gott und Welt in den Texten 31/1 und 32/2.

2. Vergleichen Sie die Wertung der Welt in diesen Texten und bei Thomas von Aquin.

3. Arbeiten Sie an Text 32/3 die sprachlichen Mittel heraus, die Eckhart einsetzt. Wie hängen diese sprachlichen Mittel zusammen mit der Gottesvorstellung des Autors?

## Zu Text 33

1. Charakterisieren Sie den formalen Aufbau des Dialogs. Streichen Sie zu diesem Zweck jene Stellen an, in denen der »Heide« Aussagen des Christen aufgreift. Prüfen Sie die Reaktion des »Christen«. Welche Bedeutung hat diese Argumentationsweise für die Gottesvorstellung?

2. Vergleichen Sie den Dialog mit den Thesen aus dem Werk des Thomas von Aquin (Text 31).

*Mögliches Referat:* Geben Sie einen Überblick über die Hauptwerke des Nikolaus von Cues und skizzieren Sie knapp deren Inhalt und Gedankenführung.

## Zu Text 34

1. »Gott« wird hier in einer Linie mit anderen Begriffen genannt. Prüfen Sie diesen Zusammenhang und schließen Sie von da aus, wie der Begriff »Gott« gewertet wird.

2. Stellen Sie sich vor, der Vorwurf des Vaters (»Kein Gott... kein Vaterland... keine eigenen Gedanken«) würde heute einem Jugendlichen gemacht. Wie würde er wohl reagieren?

## Zu Text 35

1. Gliedern Sie die ausgewählten Zitate nach inhaltlichen Zusammenhängen.

2. Welche Belehrungen durch Erwachsene haben vermutlich diese Kinderäußerungen verursacht?

*Mögliche Referate:* Skizzieren Sie die Entwicklung der kindlichen Gottesvorstellung. – Welche Ratschläge geben neuere Veröffentlichungen zur religiösen Erziehung?

## Zu Text 36

1. Welche Funktion hat im Laufe des Lebens für Frau Bertold der Glaube an Gott?

2. Woran wird in der Erzählung festgestellt, ob die Beziehung zwischen Gott und Frau Bertold gut ist?

3. Welche Aspekte des Glaubens an Gott spielen in der Erzählung überhaupt keine Rolle?

## Zu Text 37

1. Das Buch des Autors ist durchgehend als Anrede an Gott geschrieben. Welche Wirkung und welche Bedeutung hat dieses Stilmittel?

2. Vergleichen Sie diesen Auszug aus Mosers »Gottesvergiftung« mit der Erzählung von Jakobs Ringen mit Gott.

*Mögliches Referat:* Lesen sie das Buch »Gottesvergiftung« von Tilmann Moser und referieren sie darüber.

## Zu Text 38

1. Die beiden Gesprächspartner verstehen offensichtlich unter »Sinnlosigkeit« Verschiedenes: a)Warum nennt A das Leben »sinnlos«? – b)Warum widerspricht ihm B? – c)Wann würde B das Leben sinnlos nennen?

2. Warum kann der Gesprächspartner A dem Glauben an Gott nicht zustimmen? Zeigen Sie auf, daß er unter »Gott« etwas anderes versteht als B!

## Zu Text 39

1. Versuchen Sie zu erklären, wie »Vernunft« und »Glauben« in der Erzählung Text 39/1 gegenübergestellt sind.

2. Charakterisieren Sie die Gottesvorstellung des Textes 39/2.

3. Was zeigt Text 39/3 in »Heiserkeit« an? Erläutern Sie das Motiv. – Was bedeutet die Gegenüberstellung »Beten vor dem Pult« – »Beten vor dem lebendigen Gott«? Welche Vorstellung von Gott trägt damit die Erzählung? Benennen Sie menschliche Erfahrungen, die dieser Erzählung entsprechen.

## Zu Text 40

1. Untersuchen Sie die Sprache des Aphorismus: Metaphern, Syntax, Wortschatz, Paradoxien, Stilfiguren. Versuchen Sie, die Herkunft des Sprachmaterials und seine Wirkung auf den Leser festzustellen. Beurteilen Sie die Angemessenheit dieser Sprache.

2. Warum verkündet ein »toller« Mensch die Kunde vom »Tode« Gottes? Informieren Sie sich dazu über Diogenes von Sinope, besonders über sein Verhalten zur Kultur und Gesellschaft seiner Zeit. – Welchen Sinn haben prophetische Zeichenhandlungen, z. B. Jer 19,1 ff?

Stellen Sie Beziehungen zwischen dem »tollen Menschen« und Diogenes bzw. prophetischem Verhalten her.

3. Deuten Sie die Metapher vom »Tode Gottes«. Vergegenwärtigen Sie sich die geistesgeschichtlichen Prozesse, die im 19. Jahrhundert die Rede vom »Tod Gottes« mitverursacht haben.

4. Vergegenwärtigen Sie Sich die Bedeutung, die der Gottesglaube für das Verständnis von Welt, Mensch und Geschichte in der christlichen Tradition hatte, und deuten Sie die Bilder, in denen die Folgen des Todes Gottes beschrieben werden.

5. Wie wertet der Text den Tod Gottes? Nennen Sie die entsprechenden Stilmittel.

6. Diskutieren Sie die Metapher vom »Tode Gottes« unter Berücksichtigung der Texte 43 und 17.

### Zu Text 41

1. Welches Naturverständnis äußert sich im Aphorismus IV? (Achten Sie auf die Verben.) Welche Rückschlüsse lassen sich daher auf das Verhältnis zwischen Gott, Mensch und Natur ziehen?

2. Vergleichen Sie die Aphorismen 41/2 mit dem Gottesbeweis des Anselm (Text 10).

### Zu Text 42

1. Klären Sie den Unterschied zwischen Selbsterkenntnis und Selbstannahme im Text.

2. Welche Stilmittel zeigen, wie schwer dem Menschen der Glaube an eine »absolute Realität« fällt? Was bedeutet diese Darstellung für den Glauben an Gott?

### Zu Text 43

1. Untersuchen Sie den Aufbau des Textes.

2. Untersuchen Sie die Wortfelder des Textes. Welche Bereiche lassen sich unterscheiden? Was bedeutet das für die Auslegung des Gedichts?

3. Nennen Sie die biblischen Motive im Text, und versuchen Sie, deren Wirkung zu deuten.

4. Warum muß »die Liebende« fürchten, daß man sie »schelten« könnte?

### Zu Text 44

1. Vergleichen Sie die Textgruppen 44/1–4. Arbeiten Sie eine Klimax in den Klagen Ijobs heraus. – Wie argumentiert Ijob?

2. Vergleichen Sie miteinander: das Gottesbild der Ijobgestalt in der Rahmenerzählung – das Gottesbild der Freunde Ijobs – das Gottesbild Ijobs in den Klagen. Vgl. Sie dazu die Einführung.

3. Lesen Sie im Buch Ijob die Gottesreden im Auszug und arbeiten Sie ihre »Logik« heraus. Wo überzeugen ihre Argumente den heutigen Menschen nicht mehr?

4. Vergleichen Sie die verschiedenen Gottesbilder im Buch Ijob mit dem Gottesbild Jesu in einem Gleichnis (Texte 23 und 24), in der Gethsemaneszene (Luk 22,39–46) oder in Luk 13,1–5.

5 »Religiöse Fragen werden nicht gelöst, sondern überwunden.« Diskutieren Sie diese These anhand der Antworten auf die Theodizeefrage im Buch Ijob.

*Mögliche Referate:* 1. Vergleichen Sie die Ijobgestalt der Dialoge mit dem Ijobbild des Paneloux in Albert Camus' »Die Pest« (rororo-Ausgabe Seite 56 [Zeile 8] bis Seite 60 [Zeile 32]). Analysieren Sie die Antworten auf die Theodizeefrage von Paneloux und Dr. Rieux (rororo-Ausgabe Seite 128 [Zeile 22] bis Seite 129 [Zeile 35]). 2. Vergleichen Sie Kants »Mißlingen aller philosophischen Versuche in der Theodicee« (Werke in sechs Bänden, hg. v. W. Weischedel, Bd. VI, Frankfurt 1964, S. 115–117) mit den Antworten des Buches Ijob. Stellen Sie die »Logik« des Glaubens der »Logik« der Philosophie gegenüber. 3. Vergleichen Sie die Theodizee des Gottfried Wilhelm Leibniz (1646–1716) mit den Antworten des Ijobbuches. Benutzen Sie dazu »Kleine Weltgeschichte der Philosophie« von Hans J. Störig [Fischer Taschenbuch 6135/36].

### Zu Text 45

1. Stellen Sie Motive zusammen, die sich auf religiöse Inhalte beziehen.

2. Unterstreichen Sie die Textstellen, die die Beziehungen zwischen dem angeredeten »Herrn« und dem lyrischen »Wir« charakterisieren. Werten Sie diese Stellen aus.

# Glossar

**Aristoteles** (384–322 v. Chr.), neben Platon bedeutendster Philosoph des Altertums. Schüler Platons, Erzieher Alexanders des Großen; gründete nach 336 eine Philosophenschule in Athen. – Die Welt wird für ihn verstehbar als Einheit von *Form* (Struktur) und *Stoff* (Materie im weiteren Sinn). Für die Erkenntnis ist die Sinneswahrnehmung grundlegend, so daß Aristoteles »naturwissenschaftliches« Denken als Weg zur Wahrheit hoch einschätzt. Das Nachdenken über letzte Zusammenhänge und Begründungen der Wirklichkeit ist Thema seiner ▷ Metaphysik. Dabei geht es um die Frage, wie die Welt, die (erkennende) Seele und der letzte Seinsgrund (»Gott«) ineinander wirken. – Diese Entwürfe über die Erkenntnis und die Metaphysik beeinflußten nachhaltig das europäische Denken, insbesondere die Philosophie und Theologie des Mittelalters (»Scholastik«).

**Existentialismus** (Existenzphilosophie), philosophische Strömung, deren Blütezeit zwischen 1940 und 1960 lag. – Der Grundgedanke: Für den Menschen gibt es keine Sicherheiten (Ordnungen oder Werte), die ihm vorgegeben sind. Vielmehr ist es Aufgabe des Menschen, sich selbst zu bestimmen und zu entwerfen – angesichts des Nichts, des Absurden. Freiheit und Angst sind daher zentrale Themen des Existentialismus. – Die Existenzphilosophie sieht sich kaum noch in der Lage, inhaltliche Aussagen über das Wesen des Menschen zu machen; eine ▷ »Metaphysik« als Begründung der Ganzheit der Welt kann nicht mehr geschrieben werden. – Hauptvertreter: Jean Paul Sartre, Albert Camus, Gabriel Marcel (französischer Existentialismus); Karl Jaspers, Martin Heidegger (dt. Existenzphilosophie).

**kosmologisch** [griech.], Adjektiv zu Kosmologie, Lehre von der Weltentstehung.

**Metaphysik** [griech.], ursprünglich die Werke des Aristoteles, die auf die »Physik« folgen und von den Ursachen der Dinge handeln. Später Bezeichnung der philosophischen Disziplin von den Ursachen und Begründungen, die über die natürliche Erfahrung hinausgehen. Gegenstand der Metaphysik war daher auch der letzte Seinsgrund, d. h. der philosophische Zugang zu der Frage nach Gott.

**Mystik** [griech.], Bezeichnung für religiöse Strömungen, deren Ziel das Einswerden des Menschen mit Gott bzw. dem Seinsgrund ist. Der Weg zu dieser Vereinigung führt nicht über verstandesmäßige Erkenntnis. – Meditation, Askese und Riten werden als Hilfen zur mystischen Versenkung in die Gottheit empfohlen. Vielleicht liegt eine Gefahr mystischer Frömmigkeit darin, daß der Glaube zu sehr als ein privat-persönliches Ereignis zwischen Gott und der eigenen Seele verstanden wird.

**Mythos** [griech., Adjektiv: mythisch], (Gottes-)Erzählung, erzählerische Gestaltung von Grunderfahrungen des Menschen, zumeist in Sagen von Göttern und Helden. Im weiteren Sinn: Denkweise in ursprünglichen Bildern; während die Vernunft begrifflich und systematisch Ordnungen stiftet, erklärt der Mythos erzählend die Schicksalhaftigkeit des menschlichen Lebens (Mythos vom Paradies, Sage von Sisyphos usw.) – Für das christliche Denken hängt von der Bewertung des mythischen Redens viel ab. In welchem Umfang etwa verwendet die Bibel mythische Erzählungen; wie können diese Erzählungen ausgelegt werden? Analog dazu muß entschieden werden, welche Gottesvorstellungen mythisch geprägt sind und wie diese von Menschen verstanden werden können, die ein gebrochenes Verhältnis zum Mythos haben.

**ontologisch** [griech.], Adjektiv zu Ontologie, Lehre vom Seienden und seinen Prinzipien.

**teleologisch** [griech.], zielgerichtet, zweckmäßig. Adjektiv zu Teleologie, d. h. die Anschauung, wonach alles Geschehen zweckmäßig und sinnvoll begründet ist. Vor allem die Philosophie der Aufklärung versuchte, die Welt als planvolles und zielgerichtetes Ganzes zu verstehen.

**Theismus** [griech., Adjektiv: theistisch] Weltanschauung, die von der Existenz eines einzigen, persönlichen und überweltlichen Gottes ausgeht. Diesem Gott wird zugesprochen, daß er die Welt erschaffen hat und sie lenkt. In diesem Sinn können Judentum,

Christentum und Islam als theistische Religionen bezeichnet werden.

**Theodizee** [griech.] Rechtfertigung Gottes; Versuch, Gottes Weisheit und Gerechtigkeit angesichts der in der Welt wahrnehmbaren Übel zu verteidigen.

**Transzendenz** [lat.] Jenseitigkeit, Überweltlichkeit. – Meint im einfachen Sinn: Erkenntnis, die jenseits der sinnlichen Erfahrung liegt (durch Abstraktion oder Intuition gewonnen); sodann kann Gott Transzendenz zugesprochen werden, insofern er nicht Teil der Natur bzw. des Kosmos ist, sondern als streng jenseitig gedacht wird. – Ferner ist es möglich, den Menschen als transzendentes Wesen zu bezeichnen, weil der Mensch vor dem hohen Anspruch steht, sein Leben ganz zu erfüllen, diesen Anspruch aber im konkreten Leben nicht einlösen kann. – Für die Gottesvorstellung ist die Frage entscheidend, wie die Transzendenz Gottes behauptet und vorgestellt werden kann, wenn gleichzeitig Gotteserfahrung im »Diesseits« des Lebens gesucht wird.

# Autoren

*Anselm von Canterbury* (1033–1109), Theologe und Philosoph; seit 1093 Erzbischof. A. unternimmt als erster den Versuch einer streng wissenschaftlichen Theologie, indem er auch dem Ungläubigen die Vernünftigkeit des christlichen Glaubens darzulegen sucht. Im ›Proslogion‹ versucht er, mit dem einzigen Begriff »Id, quo maius cogitari nequit« Dasein, Wesen und Eigenschaften Gottes zu umschreiben. (Gott als »jenes Wesen, über das hinaus ein größeres nicht gedacht werden kann«.)

*Augustinus, Aurelius* (354–430), Theologe und Philosoph. Er vereint griechische Denktraditionen mit dem christlichen Glaubensverständnis und wird so zu einem maßgebenden Gestalter des Abendlandes. – Hauptwerke: Bekenntnisse (Confessiones) und Gottesstaat (De civitate Dei).

*Barth, Karl* (1886–1968), bedeutendster Dogmatiker des Protestantismus der Gegenwart. Zuletzt Professor für Systematische Theologie in Basel. – Hauptwerk: Kirchliche Dogmatik (12 Bände)

*Blank, Josef* (geb. 1926), Katholischer Theologe. Professor für Neues Testament an der Universität Saarbrücken.

*Buddha*, Ehrenbezeichnung des Siddhartha Gautama (ca. 560–480 v. Chr). Stifter des Buddhismus. Grundgedanken seiner Lehre: Alles ist vergänglich und leidvoll; nur wer den Durst nach Leben vernichtet, entgeht dem verhängnisvollen Rad der Wiedergeburt. In der Aufhebung alles Strebens aber liegt der Weg zur beglückenden Auflösung im Nirwana.

*Broch, Hermann* (1886–1951), österreichischer Mathematiker, Dichter, Philosoph. – In seinen Romanen schreibt er über den Zerfall der Werte, in dem er das Kennzeichen der gegenwärtigen Zivilisation sieht.

*Buber, Martin* (1878–1965), jüdischer Religionsphilosoph; stammt aus Wien, seit 1938 in Jerusalem. Sein Denken ist stark von der chassidischen Frömmigkeit des Ostjudentums beeinflußt.

*Celan, Paul* (1920–1970), deutschsprachiger Lyriker. – Gedichtbände: Mohn und Gedächtnis (1952; darin: »Die Todesfuge«); Sprachgitter (1959); Die Niemandsrose (1963); Atemwende (1967).

*Dostojewski, Feodor Michailowitsch* (1821–1888), russischer Romandichter. – Hauptwerke: Schuld und Sühne; Der Idiot; Die Dämonen; Die Brüder Karamasow.

*Meister Eckhart* (ca. 1260–1328), Mystiker, Philosoph und Prediger; vereinigt das theologische Denken der Hochscholastik mit mystischer Gottesergriffenheit. Nach seinem Tod wurde ein Teil seiner Lehren von der Kirche verurteilt; die Wirkung Eckharts wurde dadurch kaum beeinträchtigt.

*Eggimann, Ernst*, geb. 1936 in Bern; lebt als Sekundarlehrer in Langnau im Emmental/Schweiz. Veröffentlichte Essays, Gedichte, Erzählungen und Theaterstücke.

*Feuerbach, Ludwig* (1804–1872), studierte zuerst Theologie, dann unter Hegel Philosophie in Berlin. Nach kurzer Tätigkeit als Privatdozent für Philosophie zog er sich ins Privatgelehrtentum zurück. Seine bekanntesten Veröffentlichungen kennzeichnen ihn als »Anti-Theologen«: »Das Wesen des Christentums« (1841); »Philosophie der Zukunft« (1843) und »Das Wesen der Religion« (1851).

*Flew, Antony*, Professor der Philosophie an der Universität in North-Staffordshire (England); Vertreter einer positivistischen Richtung.

*Frisch, Max* (geb. 1911), schweizerischer Autor, verfaßte Romane, Schauspiele und Tagebücher. Am bekanntesten die Romane »Stiller« (1954) und »Homo Faber« (1955).

*Guggenheim, Kurt* (geb. 1896), schweizerischer Erzähler, Dramatiker und Übersetzer.

*Jouffroy, Théodore* (1796–1842), franz. Literat, zeitweilig Dozent an der École Normale in Paris.

*Kant, Immanuel* (1724–1804), Professor für Logik und Metaphysik in Königsberg. Einer der Begründer der neuzeitlichen Philosophie. Nach ihm ist eine Aussage über die Wirklichkeit kein Ergebnis »objektiver« Wahrnehmung, sondern entscheidend bestimmt durch die Erkenntnismöglichkeiten des Verstandes.

*Kaschnitz, Marie Luise* (1901–1975), Dichterin, verfaßte Erzählungen, Gedichte und Hörspiele.

*Kilian, Susanne* (geb. 1940 in Berlin), lebt in Wiesbaden, Autorin von Kinderbüchern.

*Klink, Johanna*, holl. Pastorin. Veröffentlichte Arbeiten über die religiöse Kindererziehung; Herausgeberin von Kinder- und Schulbibeln.

*Luther, Martin* (1483–1545), Reformator der Kirche, Begründer des Protestantismus. In dem Schriftsteller Luther ist die Genialität des theologischen Denkers und Bibelauslegers mit der des Dichters und Sprachschöpfers vereinigt. Durch seine Bibelübersetzung, seine deutschen Schriften und geistlichen Dichtungen hat er die Entwicklung der deutschen Sprache entscheidend beeinflußt. »Luther ist unbestreitbar eine weltgeschichtliche Persönlichkeit. Seine religiöse Anlage und seine Gemütstiefe, seine hohe Begabung und Sprachgewalt, seine übermenschliche Arbeitskraft haben ihm 4 Jahrhunderte tiefste Wirkung auf die Menschen verschafft, freilich auch die Spaltung der Kirche bewirkt.« (H. Jedin)

*Nietzsche, Friedrich* (1844–1900), Philosoph und Schriftsteller; versuchte, den Zusammenbruch eines gesicherten Weltbilds in seiner Tragweite zu erfassen und zu bewältigen. Grundfigur, die Rettung verheißt, ist der sich heroisch aufbäumende Mensch, der sich selbst ein neues Wertsystem und eine neue Ordnung schafft.

*Moser, Tilmann*, Psychoanalytiker und Schriftsteller.

*Nikolaus von Cues* (1401–1464), bedeutender Philosoph, Theologe und Naturwissenschaftler; Diplomat im Dienst des Papstes und Reformer der Kirche.

*Pannenberg, Wolfhart* (geb. 1928), Professor für Systematische Theologie an der Universität München.

*Pascal, Blaise* (1623–1662), Mathematiker, Physiker und Philosoph. Er erregte zunächst Aufsehen durch mathematisch-naturwissenschaftliche Entdeckungen (Kegelschnitte, Infinitesimalrechnung, kommunizierende Röhren). Ab 1654 besonders an theologischen Fragen interessiert. Die geplante groß angelegte »Verteidigung der christlichen Religion« blieb unvollendet; die Fragmente dazu wurden nach dem Tod Pascals veröffentlicht mit dem Titel »Pensees sur la réligion«.

*Rahner, Karl* (geb. 1904), Jesuit; vielleicht bedeutendster katholischer Theologe der Gegenwart, zuletzt Professor für Dogmatik in Münster, inzwischen emeritiert. – Beeinflußte stark die moderne Theologie und gab Anstöße zu der Reform der katholischen Kirche auf dem II. Vatikanischen Konzil. – Wichtige Werke: Schriften zur Theologie; Grundkurs des Glaubens (1976).

*Rilke, Rainer Maria* (1875–1926), Lyriker und Romanschriftsteller. – Schreibt faszinierende und melodiöse Gedichte, die weithin den Versuch unternehmen, der Einsamkeit und Sinnlosigkeit des Lebens durch die schöne Form, durch die Deutung im Bild zu begegnen. Dabei durchdringen sich mythisch-pantheistische Vorstellungen, Natursymbolik und Reflexion. – Wichtige Werke: Das Stundenbuch (1905), Neue Gedichte (1907); Der neuen Gedichte anderer Teil (1908); Die Sonette an Orpheus (1923).

*Sartre, Jean-Paul* (geb. 1905), Hauptvertreter des französischen Existentialismus. Wichtige Werke: Das Sein und das Nichts (1943); Ist der Existentialismus ein Humanismus? (1946/47); Kritik der dialektischen Vernunft (1960).

*Thomas von Aquin* (1225–1274), bedeutendster Philosoph und Theologe des Mittelalters. – Versucht die Lehre des Augustinus und die Philosophie des Aristoteles in einem System zu integrieren. Es geht ihm darum zu zeigen, wie Vernunft und Glaube sich durchdringen. Sie sind nicht Gegensätze, sondern der Glaube vollendet die Einsichten der Vernunft zur vollen Erkenntnis der Wahrheit. Vernunfteinsicht kann somit auch zur Wahrheit führen. Als Schöpfung ist die Welt nämlich von Gott durchwirkt, und alles, was die Vernunft richtig erkennt, ist einschlußweise Erkenntnis Gottes.

*Welte, Bernhard* (geb. 1906), katholischer Theologieprofessor in Freiburg.

*Zahrnt, Heinz* (geb. 1915), evangelischer Pfarrer und Publizist; theologischer Leiter des »Sonntagsblatt« (Hamburg). Stellt in seinen Büchern insbesondere Tendenzen heutiger Theologie dar.